政省令・施行通達対応

相続土地国庫帰属制度
承認申請の手引

編著　横山　宗祐（弁護士）

JN125140

新日本法規

は　し　が　き

　令和 3 年 4 月21日に成立し、同月28日に公布された「相続等により取得した土地所有権の国庫への帰属に関する法律」(令和 3 年法律第25号)は、いわゆる所有者不明土地の発生予防の施策の一つとして制定されたものです。もっとも、本法は同時に成立・公布された「民法等の一部を改正する法律」(令和 3 年法律第24号)と異なり、新たな制度設計を行うものであることから、相続土地を国庫帰属すべく申請を行う者からすれば、手探りで申請方法・検討事項を模索する必要があると感じるでしょう。

　そのため、相続土地を国庫帰属すべく申請を行う方々、及び相続土地の処分について法的アドバイスを求められた法律家の皆様に、本法の基本的なポイントを解説するとともに、あわせて実際の現場を想定して、どのようなアドバイスが可能かを示すことを目的として、本書を企画させていただきました。

　本書では、まず「はじめに」にて本法、及び令和 3 年改正民法等の具体的内容を検討してきた法務省法制審議会民法・不動産登記法部会の幹事としてご活躍された蓑毛良和弁護士が本法の基本的なポイントや成立の経緯等をコンパクトにまとめて解説しております。第 1 章以降では、相続土地国庫帰属の承認申請を行った際、却下・不許可となりうる事由はどのようなものかについて要件ごとに詳細に分析し、また、弁護士ならではの気付きを解説の中にちりばめてあります。さらに、相続土地国庫帰属が承認されなかった場合の対応策、承認申請を行う際の注意点なども、示させていただいております。

　本書が相続土地国庫帰属の承認申請手続の円滑な運用や、同手続を検討している相談者をサポートする専門家の皆様の一助となれば、編

集者・執筆者にとって望外の喜びであります。

　末筆になりますが、川浪有輔氏、増田雄介氏をはじめとした新日本法規出版株式会社の皆様には、本書の刊行に当たってきめ細やかなフォロー・サポートをしていただきました。この場を借りて深く感謝を申し上げます。

　令和5年10月

編集者・執筆者代表

弁護士　横山　宗祐

編集者・執筆者一覧

《編 集 者》

　横山　　宗祐

《執 筆 者》（修習期・五十音順）

　蓑毛　　良和（★特別協力）

　大畑　　敦子

　廣畑　　牧人

　鍬竹　　昌利

　横山　　宗祐

　小松　　達成

　角田　　智美

　山崎　　岳人

　近藤　　亮
　　　　　※全て弁護士

略　語　表

<法令等の表記>

　根拠となる法令等の略記例及び略語は次のとおりです。〔　〕は本文中の略語を示します。

　相続等により取得した土地所有権の国庫への帰属に関する法律第5条第1項第2号＝法5①二

法〔相続土地国庫帰属法〕	相続等により取得した土地所有権の国庫への帰属に関する法律	土壌汚染	土壌汚染対策法
		土壌汚染令	土壌汚染対策法施行令
令〔相続土地国庫帰属法施行令〕	相続等により取得した土地所有権の国庫への帰属に関する法律施行令	土地改良	土地改良法
		土地基	土地基本法
		非訟	非訟事件手続法
規〔相続土地国庫帰属法施行規則〕	相続等により取得した土地所有権の国庫への帰属に関する法律施行規則	不登	不動産登記法
		不登令	不動産登記令
		不登規	不動産登記規則
行審	行政不服審査法	法務大臣権限	国の利害に関係のある訴訟についての法務大臣の権限等に関する法律
行訴	行政事件訴訟法		
建基	建築基準法	民	民法
建基令	建築基準法施行令	通達	相続等により取得した土地所有権の国庫への帰属に関する法律の施行に伴う相続土地国庫帰属手続に関する事務の取扱いについて（令和5年2月8日民二第70号）
宗法	宗教法人法		
狩猟	鳥獣の保護及び管理並びに狩猟の適正化に関する法律		
森林	森林法		
森林経営	森林経営管理法	不登準則	不動産登記事務取扱手続準則（平成17年2月25日民二第456号）
租特	租税特別措置法		
鳥獣被害	鳥獣による農林水産業等に係る被害の防止のための特別措置に関する法律	部会資料	法制審議会民法・不動産登記法部会　部会資料

＜判例の表記＞

　根拠となる判例の略記例及び出典の略称は次のとおりです。

　広島高裁松江支部平成28年12月21日判決、訟務月報64巻 6 号863頁
　＝広島高松江支判平28・12・21訟月64・ 6 ・863

訟月　　　訟務月報
民集　　　最高裁判所民事判例集

目　次

はじめに

第1章　承認申請権者等

第2章　承認申請前の確認事項

第1　申請却下事由

1　概　論

6　境界が明らかでない土地その他の所有権の存否、帰属又は範囲について争いがある土地（法2条3項5号）

第2　不承認事由

1　概　論

2　崖がある土地のうち、その通常の管理に当たり過分の費用又は労力を要するもの（法5条1項1号）

3　土地の通常の管理又は処分を阻害する工作物、車両又は樹木その他の有体物が地上に存する土地（法5条1項2号）

4　除去しなければ土地の通常の管理又は処分をする
##　　ことができない有体物が地下に存する土地（法5条
##　　1項3号）

5　隣接する土地の所有者等との争訟によらなければ
##　　通常の管理又は処分をすることができない土地（法
##　　5条1項4号）

6　その他通常の管理又は処分をするに当たり過分の
##　　費用又は労力を要する土地（法5条1項5号）

第３章　承認申請等

第4章　負担金の納付

第5章　相続土地国庫帰属制度を利用できない場合の対応

索　引

はじめに

2

1　相続土地国庫帰属法が制定された背景

（1）　相続土地国庫帰属法の位置付け

　相続土地国庫帰属法は、令和 3 年 4 月21日に成立し、同月28日に公布され、令和 5 年 4 月27日に施行されました。

　相続土地国庫帰属法は、民法等の一部を改正する法律（令和 3 年法律第24号。以下「一部改正法」といいます。）と共に国会に提出された法律であり、両法律は、所有者不明土地の増加等の社会経済情勢の変化に鑑み、所有者不明土地問題を解決するため、①所有者不明土地の「発生の予防」と、②既に発生している所有者不明土地の「利用の円滑化」の両面から、総合的に民事基本法制の見直しを行うために制定されました。

（2）　所有者不明土地問題とは何か

　所有者不明土地とは、不動産登記簿により所有者が直ちに判明しない、又は所有者が判明してもその所在が不明で連絡がつかない土地をいいます。所有者不明土地がある場合、所有者を探索するために多大な時間と費用が必要となるため、その土地を含む周辺土地の利活用が困難になるほか、土地が管理されず放置されることにより、周辺住民の生活に悪影響を及ぼすおそれがあるなど国民経済に著しい損失を生じさせます。

　所有者不明土地によって生ずるこれらの問題、すなわち所有者不明土地問題は、古くから存在していたと考えられますが、平成23年 3 月11日に発生した東日本大震災からの復旧・復興事業を実施する過程において、所有者不明土地等が存在するために円滑に用地取得が進まず、それに対する対応が大きな課題となったことを契機として、広く認識されるようになりました。

（3）　所有者不明土地の現状と発生原因

　平成29年度に地方公共団体が実施した地籍調査事業における土地の所有者等の状況に関する国土交通省の調査によれば、我が国における所有者不明土地の割合は、筆数ベースで約22.2％に上り、その発生原因の3分の2（約65.5％）が、相続登記の未了、すなわち所有権の登記名義人が死亡して相続が発生しているものの、登記記録上は登記名義人のままになっていることにありました。

　また、国土交通省の平成30年版土地白書によれば、国民への意識調査の対象者全員（土地の所有者及び土地を所有していない者の双方を対象とした無作為抽出）に、「土地を所有することに負担を感じたことがあるか又は感じると思うか」について質問を行ったところ、「感じたことがある又は感じると思う」の回答は42.3％でした。一方、空き地所有者へのアンケートにおいて、所有する空き地について、「所有することに負担を感じたことがあるか」について質問を行ったところ、「負担を感じたことがある」と回答した者の割合は47.4％となり、国民への意識調査の割合より高い結果となりました。さらに、取得経緯別に負担感を見ると、相続で当該空き地を取得した者のうちその所有に「負担を感じたことがある」と回答した者の割合は51.4％、相続以外の経緯で当該土地を取得した者では38.7％であり、自ら所有する意思をもって当該空き地を取得した者に比べ、相続により取得した者の方が所有に負担に感じる割合が高いことが明らかとなりました。

　令和2年に法務省が実施したインターネット定量調査においても、現在、自己の世帯で土地を所有している者のうち20.4％が、土地所有権放棄制度の利用を希望するとの結果が出されました。

　このように、特に、相続によって土地を望まずに取得した所有者に

ついて、その負担感から土地を手放したいと考える者が、相応の割合に達していることが、所有者不明土地を発生させる要因となり、また土地の管理不全化を招いていると考えられます。

（4）　所有者不明土地問題の解決が国家の喫緊の課題であること

このように所有者不明土地問題は、今後ますます深刻化するおそれがあることから、政府は、平成29年6月9日に閣議決定した「経済財政運営と改革の基本方針2017〜人材への投資を通じた生産性向上〜」において、「今後、人口減少に伴い所有者を特定することが困難な土地が増大することも見据えて、登記制度や土地所有権の在り方等の中長期的課題については、関連する審議会等において速やかに検討に着手」することとし、以降、所有者不明土地問題は、毎年取り上げられ、所有者不明土地問題の解決は政府全体で取り組むべき喫緊の課題として位置付けられました。

（5）　法案の提出に至る経緯

前記(4)の政府方針を受け、法務省は、所有者不明土地問題に対応するため、平成29年10月、「登記制度・土地所有権の在り方等に関する研究会」（座長・山野目章夫（早稲田大学大学院法務研究科教授）、以下「在り方研究会」といいます。）を設置し、在り方研究会では、民事基本法制の観点から、登記制度の在り方及び土地所有権等の在り方に関する諸問題について、幅広く検討が行われ、平成31年2月28日に最終報告書が公表されました。

そして、山下法務大臣（当時）は、平成31年2月14日、法制審議会（法務大臣の諮問機関）に対し、相続等による所有者不明土地の発生を予防するための仕組みや、所有者不明土地を円滑かつ適正に利用するための仕組みを早急に整備するために導入が必要となる諸方策を問

う諮問第107号を発しました。かかる諮問を受けて、法制審議会は、同日、民法・不動産登記法部会（部会長・山野目章夫、以下「部会」といいます。）を設置し、調査審議させることを決定しました。

　部会における調査審議は、平成31年３月から開始され、在り方研究会の最終報告書で提示された検討課題等について協議が重ねられました。そして、令和元年12月３日には、中間試案が取りまとめられ、これに対するパブリック・コメントやその後の部会での意見等を踏まえて、令和３年２月２日、要綱案が取りまとめられました。そして、法制審議会においては、同月10日、この要綱案どおりの内容で、「民法・不動産登記法（所有者不明土地関係）の改正等に関する要綱」が全会一致で決定され、法務大臣に答申されました。

　この要綱に基づいて最終的な法案作成作業が行われ、令和３年３月５日、一部改正法案及び相続土地国庫帰属法案が第204回国会に提出され、同年４月21日、一部改正法及び相続土地国庫帰属法が成立しました。

２　相続土地国庫帰属法の概要
（１）　総　論
　前記１（１）のとおり、一部改正法及び相続土地国庫帰属法は、所有者不明土地の「発生の予防」と、「利用の円滑化」の両面から、総合的に民事基本法制を見直すために制定されたものです。このうち、相続土地国庫帰属法は、「発生の予防」の観点から、部会における審議を経て、新たに制定された法律であり、相続等によって土地の所有権を取得した者が、法務大臣の承認を受けてその土地の所有権を国庫に帰属させることができるようになりました。

（2） 部会における審議内容

　ア　土地の所有権の放棄

　当初、部会では、一定の要件を満たす場合に土地の所有権を放棄することが、すなわち、土地の所有者が、その一方的意思表示により自己の所有権を消滅させ、土地を所有者のないものとすることを認めた上で、民法239条2項により、その土地を国庫に帰属させることを可能にする制度を民法に設けることが検討されました。土地の所有権の放棄の可否については、民法上、明文に規定がなく、学説は分かれており、「不動産について所有権放棄が一般論として認められるとしても、控訴人（筆者注：土地の所有権放棄を主張する者）による本件所有権放棄は権利濫用等に当たり無効」と判示した裁判例（広島高松江支判平28・12・21訟月64・6・863）はあるものの、確立した最高裁判例は存在していませんでした。

　もっとも、部会における検討の過程で、①所有権の放棄に関する一般的な規律を民法に設けるとすると、動産も含めた所有権の放棄について規律を設ける必要が生じるところ、動産は、その種類、大きさ、価値が様々であり、適切な規律を定めることが容易でないこと、②所有者不明土地の発生を抑制するためには、端的に、土地の所有権を国庫に帰属させることができれば足りること等から、土地所有権の放棄に関する規律を民法に設けるのではなく、土地の所有権に限り、国庫に帰属させることを可能にする制度が特別法により創設されました。

　イ　申請主体・土地の取得原因

　前記アのほか、部会では、承認申請者について、相続等により土地所有権を取得した個人に限定することの是非が議論されました。

　この点、所有者不明土地の発生原因は、相続等に限られないことか

ら、個人について取得原因を問わないとすることや、申請主体に法人を含めてはどうかという意見がありました。また、相続土地国庫帰属制度の目的が、所有者不明土地や管理不全土地になることを防止することにあるところ、現に土地が所有者不明の状態になっている場合（例：一部改正法により創設された所有者不明土地管理人が申請する場合）や、所有者不明状態には至っていなくても、適切に管理する主体が存在しないために、類型的に見て管理不全化、所有者不明化する蓋然性が高い状態にある場合（例：法人が破産し、破産財団の中に放棄（破産法78②十二）せざるを得ない土地があるときの破産管財人が申請する場合）には、その土地を国庫に帰属させることを認めてよいのではないかという意見がありました。

　しかしながら、相続土地国庫帰属制度についてどの程度の利用見込みがあるのか、また、国の財政負担がどの程度になるか、がよく分からないこと等の管理コストへの懸念を背景に、最終的には、相続土地国庫帰属制度が、相続等による所有者不明土地の発生を抑制するための制度であることを理由として国庫帰属の申請主体は相続等により土地所有権を取得した個人に限定されました。

（3）　相続土地国庫帰属法の概要

　土地を所有する者は、その土地を適正に利用、管理する責務を有していますが（土地基6）、都市部への人口移動や人口減少・高齢化の進展等により、地方を中心に土地利用のニーズが低下する傾向にある中、土地は必ずしも有利な資産ではなく、相続等という自らがコントロールすることができない事情を契機として望まない土地を取得した者については、一定の限度で所有者としての責任を免れる道を開く必要があります。

　他方で、土地所有権の国庫帰属を広く認めると、土地の所有に伴う管理コストが国に転嫁されるとともに、将来的に土地の所有権を国庫に帰属させる意図の下で所有者がその土地を適切に管理しなくなるというモラルハザードが発生するおそれがあります。

　そこで、所有者不明土地の「発生の予防」の観点から、相続又は相続人に対する遺贈により取得した土地のうち一定の要件を満たすものについて、土地所有者の承認申請に対し、法務大臣がその要件の有無を審査した上で承認したときに、土地所有者による10年分の土地管理費相当額の負担金を納付した時点で国庫に帰属するという制度が創設されました。

　この制度の要点は、以下のとおりです。

①　相続等により土地の所有権又は共有持分を取得した者等は、法務大臣に対し、その土地の所有権を国庫に帰属させることについての承認を申請することができる（法2①②）。土地の共有持分については、共有者の全員が共同して行うときに限り、承認申請をすることができ、この場合においては、相続等以外の原因により取得した共有者であっても、相続等により取得した共有者と共同して、承認申請をすることができる（法2②）。

②　法務大臣は、承認申請に係る土地が、その事由があれば直ちに通常の管理又は処分をするに当たり過分の費用又は労力を要するものとして、相続土地国庫帰属法に規定されている類型の土地に該当する場合には、承認申請を却下しなければならない（法2③、令2、規14）。

③　法務大臣は、承認申請に係る土地が、実質的に見て通常の管理又は処分をするに当たり過分の費用又は労力を要する土地として相続

土地国庫帰属法・同法施行令に規定されている類型のいずれにも該当しないと認めるときは、その土地の所有権の国庫への帰属についての承認をしなければならない（法5①、令4）。

④　法務大臣は、承認申請に係る審査のため必要があると認めるときは、その職員に事実の調査をさせることができる（法6①）。

⑤　土地の所有権の国庫への帰属の承認を受けた者が、一定の負担金（法10①、令5・6、規19）を国に納付した時点で、土地の所有権が国庫に帰属する（法11）。

　例えば、建物が存する土地、担保権や賃借権等の使用収益権が設定されている土地、特定有害物質により汚染されている土地、境界が明らかでない土地や所有権の存否、帰属又は範囲について争いがある土地については、その事由があれば直ちに通常の管理又は処分をするに当たり過分の費用又は労力を要すると扱われ、承認申請ができず、承認申請が却下されます（法2③、令2、規14）。

　また、崖地や車両等が存する土地などについては、実質的に見て通常の管理又は処分をするに当たり過分の費用又は労力を要するか否かについて個別に判断され、承認・不承認が決まります（法5①、令4）。詳細は、第2章で説明します。

　このように、国庫に帰属させることができる土地は限定的ですが、相続土地国庫帰属制度は、一旦国庫に帰属した土地について国民全体の負担でその土地を管理しなければならないこととの調和を図った制度であるといえます。

（4）　手続全体の流れ

　相続等によって土地の所有権を取得した者等による承認申請から国庫帰属に至る手続の流れは、以下のとおりです。

　申請権者、申請書の作成・提出、要件の審査等に関するそれぞれの内容や留意事項等は、**第1章**以下を参照してください。

　なお、承認申請から結果が出るまでの期間（標準処理期間）は、半年から1年程度と見込まれていますが、積雪等の理由により現地調査の実施が遅れた場合には標準処理期間を超える場合があるとされています。

◆手続の流れ

事前相談（任意・事前予約制）

国庫帰属の承認申請（法2）
・土地が所在する法務局の本局（規1）への承認申請書の提出
・審査手数料（一筆当たり14,000円）の納付（法3②、令2）

受付　　　情報提供　　　　関係省庁・地方公共団体等

法務局担当官による書面調査（法6）

却下（法4）

法務局担当官による実地調査（法6②〜⑧）

不承認（法9）

法務大臣・管轄法務局長による承認（法5）
・承認通知（法9）
・負担金通知（法10②）

※通知が到達した日の翌日から30日以内

負担金の納付（法10①③）

国庫帰属（法11①）

第 1 章

承認申請権者等

14

［1］　承認申請要件に関する概要は

 　相続土地の国庫帰属承認申請は、どのような場合に認められますか。

 　相続等により土地の所有者となった者又は共有持分を取得した者は、法務大臣に対し、その土地を国庫に帰属させることについての承認を申請することができます。

　当該土地が相続土地国庫帰属法に定める却下要件、不承認要件のいずれにも該当しないと認められる場合には、法務大臣は当該土地の所有権の国庫への帰属を承認することとなります。

解　説

1　申請権者

　相続土地の国庫帰属承認申請は、土地の所有権の全部又は一部を相続等により取得した相続人が行うことができます。ここでいう相続等により土地の所有権を取得したとは、相続又は遺贈（受遺者が相続人の場合に限ります。）により土地の所有権を取得したことを指します（法①かっこ書）。

　土地が共有地である場合には、共有者全員で共同して相続土地の国庫帰属承認申請を行う必要があります（法2②）。この場合、共有者全員が相続又は遺贈（受遺者が相続人の場合に限ります。）により土地の共有持分を取得している必要はありませんが、共有者の中に「相続等」により共有持分を取得した者が存在している必要はあります。

　詳細につきましては、後述の［4］を参照してください。

2 土地の要件

　相続土地国庫帰属法では、通常の管理又は処分をするに当たって過分な費用又は労力を要する土地については、国庫帰属が認められていません。具体的には、同法2条3項各号では却下事由が、同法5条1項各号では不承認事由が定められています。却下事由に該当する土地は、これらの事由があれば直ちに通常の管理又は処分をするに当たって過分な費用又は労力を要するものとして扱われる土地に該当するとされています。他方、不承認事由に該当する土地かどうかについては、土地の種別や現況、隣地の状況等を踏まえ、実質的に見て通常の管理又は処分をするに当たって過分な費用又は労力を要する土地に該当するかどうかを判断されることとなります。

　相続土地国庫帰属承認申請の却下事由として、建物の存する土地や、通路その他の他人による使用が予定されている土地などが挙げられています。また、不承認事由として、通常の管理に過分の費用や労力を要する崖地がある土地、隣人等との争訟が必要な土地などが挙げられています。

　詳細につきましては、第2章を参照してください。

3 承認後の手続

　相続土地国庫帰属法では、却下要件、不許可要件のいずれにも該当しない土地については、法務大臣は相続土地の国庫帰属承認申請を承認しなければならないとされています（法5①柱書）。土地所有権の国庫帰属について、承認ないし不承認との判断がなされたときは、申請者へ通知がなされます（法9）。国庫帰属について承認する旨の通知の際、併せて負担金の額についての通知も行われます（法10②）。なお、却下処分、不承認処分のいずれに対しても、行政不服審査、行政事件

訴訟で不服申立てが可能です。不服申立手続の詳細については、[50]、
[51] を参照してください。

　そして、申請者は負担金の額の通知を受けた日から30日以内に負担
金を納付しなければなりません（法10①）。申請者が期間内に負担金を
納付したときは、その納付の時において、当該土地の所有権が国庫に
帰属することになります（法11①）。他方、申請者は負担金の額の通知
を受けた日から30日以内に負担金を納付しないときには、承認の効力
が失われます（法10③）。

　詳細については、[46] を参照してください。

［2］　承認申請ができる者の要件は

 どのような者が相続土地の国庫帰属承認申請をできるのでしょうか。

 相続土地の国庫帰属承認申請を行うことができる者は、原則、相続又は相続人に対する遺贈により土地の所有権を取得した者に限定されます（法2①）。

解　説

1　相続土地国庫帰属制度が制定された経緯

　いわゆる所有者不明土地とは、相続等の際に土地の所有者についての登記が行われないなどの理由により、不動産登記簿を確認しても所有者が分からない土地、又は所有者が分かってもその所在が不明で所有者に連絡がつかない土地のことをいいます。このような土地が日本各地で増加しており、その面積が、合わせると九州よりも広くなっており、各地で社会問題となっています（平成29年度国土交通省調査）（詳細については、はじめに　1を参照してください。）。

　これら所有者不明土地の問題を解決するため、令和3年改正民法・改正不動産登記法、及び相続土地国庫帰属法が制定されました。これらの法律は、所有者不明土地問題を解決するため、①所有者不明土地の「発生防止」の観点と、②既に発生している所有者不明土地の「利用の円滑化」の観点からなされたものですが、本書で解説を行う相続土地国庫帰属法は、主に、上記①の観点から制定されたものです（村松秀樹＝大谷太編『Q&A　令和3年改正民法・改正不登法・相続土地国庫帰属法』9・344頁（金融財政事情研究会、2022））。

　この点、所有者不明土地問題解消等を検討した法制審議会民法・不動産登記法部会の審議当初は、土地の所有者が所有権を放棄することを認め、当該土地の所有権を公的機関に帰属させることができるようになれば、所有者不明土地の発生を抑制できるのではないかとの視点から、一定の要件の下で土地所有権の放棄を認める制度の新設が検討されていました（日本弁護士連合会　所有者不明土地問題等に関するワーキンググループ編『新しい土地所有法制の解説－所有者不明土地関係の民法等改正と実務対応』387頁（有斐閣、2021））。しかしながら、土地所有権の放棄を認めると、土地所有に伴う管理コストが国に転嫁されることとなるだけでなく、将来的に土地の所有権を国庫に帰属させればよいと安易に考え、所有者が土地の管理を疎かにするモラルハザードが発生するおそれがあるとの指摘もなされました。

　そこで、土地を手放したいというニーズのうち、相続を契機としてやむを得ずに取得した者については、積極的な土地利用の意向もその土地からの受益もないにもかかわらず、相続人が処分もできずやむを得ず所有し続けている等のケースも相当数あると考えられることから、一定の要件を満たす場合には、相続等で取得した土地を手放すことができる仕組みが構築されました。

2　相続土地の国庫帰属承認申請ができる者について

　このような立法経緯から、相続土地の国庫帰属承認申請を行える者としては、相続により土地を取得した者が挙げられます（法2①）。

　次に、遺贈により土地を取得した者について問題となりますが、受遺者が相続人かそうでないかについて、分けて考えられています。遺贈においては、受遺者は、遺言者が死亡した後、いつでも、遺贈の放棄をすることができます（民986①）。そのため、相続人以外の者で遺贈を受けた者は、自らの意思で、当該土地の所有権を欲した者と評価できます。そのため、当該受遺者にまで、相続土地の国庫帰属承認申請を認める必要性は低いと考えられ、今回の新法制定時においては、国

庫帰属承認申請者からは外れています。他方、相続人が受遺者の場合には、事情が違うと判断されています。すなわち、相続人は遺贈の放棄を行ったとしても、相続放棄をしなければ、相続人としての地位に基づき当該土地を相続する可能性があります。そこで、相続人については、相続を原因とするだけでなく、遺贈を原因とする土地の取得のケースにおいても、相続土地の国庫帰属承認申請を求め得る地位にあります（法2①）（なお、申請可能な具体例については、［3］を参照してください。）。

　また、相続等より土地の共有部分を取得した相続人にとっても、その土地共有持分を所持し続けることに負担感があることは、共有名義ではなく単独名義の土地所有権を相続等した相続人と同様といえます。そこで、相続土地の国庫帰属承認申請を求め得る地位にあります（法2①②）（なお、相続等により土地所有権の一部を取得した相続人が有効に承認申請を行うための具体的方法については、［4］を参照してください。）。

3　承認申請書類の作成代行について

　相続土地国庫帰属の承認申請は、承認申請権者、ないし、その法定代理人が行う必要があります（法2①など）。しかし、後述のとおり、申請書の作成、添付資料の取得・作成等、承認申請権者だけで行うのには難しいケースもあります（申請書の作成方法、添付資料に関する詳しい説明については、［41］［42］を参照してください。）。そこで、弁護士、司法書士、行政書士に限り、承認申請書類の作成代行を業として行うことができます。なお、承認申請権者の親族も、当該申請に関し、業としてでなければ行うことが許容されていると解されています（法務省「相続土地国庫帰属制度に関するQ&A」「2　書類作成関連」Q3・4・6・7、通達第5節第3参照）。

　なお、承認申請書類の作成代行ができる者であっても、承認申請の任意代理はできませんので、ご注意ください。

［3］　単独所有の土地のうち、承認申請が可能な土地はどのようなものか

 どのような経緯で土地の所有権を取得したら、単独で所有している土地について相続土地の国庫帰属の承認申請ができるのでしょうか。

 相続等により、土地の所有権の全部を取得した者、土地の共有持分の一部を取得し結果当該土地を単独所有するに至った者のいずれも、相続土地の国庫帰属の承認申請ができます。

解　説

1　承認申請ができる者について

相続土地国庫帰属法は、「土地の所有者（相続等によりその土地の所有権の全部又は一部を取得した者に限る。）」に、相続土地国庫帰属の承認申請を認めています（法2①）。そこで、承認申請時において当該土地が単独所有であるケースにおいて、申請者がどのような原因に基づき当該土地を取得した場合、承認申請をすることが可能か、相続土地国庫帰属法2条1項の規定をもとに解説していきます。

相続土地国庫帰属法2条1項では、相続等により、当該土地の所有権を一遍にその全部を取得した者だけでなく、その一部（共有持分）を取得した者も申請権者としています。

2　相続等により、土地の所有権の全部を取得したケース

相続等により土地の所有権を全部取得したとは、例えば、A土地を単独所有していたXが遺言書を作成しており、当該遺言書においてA土地を娘であるYに遺贈する旨記載し、遺言書作成後にXが死亡し、Y

が遺贈を原因としてA土地を取得したようなケースが考えられます。

　この点、遺贈は、遺言者の死亡後、いつでも遺贈の放棄を選択することができます（民986①）。そのため、受遺者は自らの意思で当該土地を取得したと評価することもできます。しかしながら、相続人が受遺者となっているケースでは、たとえ遺贈の放棄を選択したとしても、相続放棄を選択しない限りその後の遺産分割等において、当該土地の所有権を取得せざる得ないケースも存在します。そこで、遺贈により当該土地の所有権を取得した相続人も相続土地国庫帰属の承認申請権者として認められています。

　なお、遺贈の方法につき、特段の制限はないと解されているため、包括遺贈であっても、特定遺贈であっても、相続土地国庫帰属の承認申請は可能と考えられています。

3　相続等により、土地の共有持分の一部を取得し、結果、当該土地を単独所有するに至ったケース

　相続等により土地の共有持分の一部を取得し、結果、当該土地を単独所有するに至ったとは、例えば、B土地をXとXの息子であるYが共同購入（持分を各1／2ずつとする）した後、Xが死亡し、遺産分割の結果、Xの有していたB土地の共有持分をYが相続するに至ったようなケースが挙げられます。

　このようなケースにおいて、Yは当初のB土地購入時において、自己の積極的な意思により、土地所有権を取得したと評価できます。しかしながら、相続等によりYが取得したXの共有持分については、相続土地国庫帰属法2条2項の相続等により土地の共有持分を取得した者と同様、「相続を契機としてやむを得ず土地を取得した」（村松秀樹＝大谷太編『Q&A　令和3年改正民法・改正不登法・相続土地国庫帰属法』344頁以下（金融財政事情研究会、2022））と評価し得る場面が想定できます。そのため、かかる場合にも、相続土地国庫帰属の承認申請権者に該当するとされています。

［4］　共有に属する土地のうち、承認申請が可能な土地はどのようなものか

 どのような経緯で土地の共有持分を取得したら、共有に属する土地を相続土地の国庫帰属の承認申請ができるのでしょうか。

 相続等により、土地の共有持分の一部を取得した者も、共有者全員で共同申請することにより、相続土地の国庫帰属の承認申請ができます。

解　説

1　「相続等により共有持分の全部又は一部を取得した共有者」について

相続等により、土地の共有持分を取得した者も、土地の単独所有権を相続等した者と同様、相続等を契機に土地所有権（の一部）を取得した者となります。そのため、相続等により土地の共有持分を取得した者も、所有権を単独所有した者と同様、相続土地国庫帰属の承認申請権者として扱う必要性があります。そこで、相続等により、土地の共有持分を取得した者も、以下で述べるとおり、共有者全員で共同申請する場合に限り、相続土地国庫帰属の承認申請を行うことができます（法2②）。

なお、当該共有者は、申請時に有する共有持分の全部を相続等により取得している必要はなく、共有持分の一部を相続等によって取得していれば足ります（詳細については、［3］を参照してください。）。

2　共有者の全員が共同して承認申請を行うこと

　他方、共有持分を国庫に帰属させるとなると、国が共有者の一名として土地の管理に関わることとなり、共有者との協議等、単独取得の場合と比較して過分の費用又は労力を要する可能性が生じます。そこで、共有者全員が共同して行う場合に限り、相続等により土地共有持分を取得した者は、相続土地国庫帰属の承認申請を行うことができます（法2②前段）。

　なお、このような共同申請を認めた場合、当該土地の共有持分を売買等で取得した個人、法人も共同申請者として名を連ねることとなります。これらの者は、自らの意思で積極的に当該共有持分を取得した者であることから、基本的には相続土地国庫帰属の承認申請権者とはならない者です。しかしながら、これらの者が共有者として含まれる土地については、一切、相続土地国庫帰属の承認申請ができないとなると、相続等を原因として共有持分を取得した者にとって、本法による相続土地の管理等からの解放という立法趣旨が実現できなくなってしまいます。そこで、相続土地国庫帰属法では、共有者に相続等以外を原因として共有持分を取得した者も、相続等により土地共有持分を取得した者が存する場合には、共同して承認申請することを認めています（法2②後段）。

[5]　承認申請者たる地位を承継した場合、どのような手続
　　を行うか

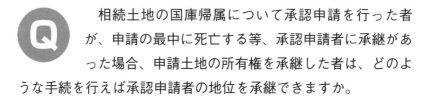

相続土地の国庫帰属について承認申請を行った者
が、申請の最中に死亡する等、承認申請者に承継があ
った場合、申請土地の所有権を承継した者は、どのよ
うな手続を行えば承認申請者の地位を承継できますか。

申請土地の所有権を承継した者は、所有権を取得し
た日から60日以内に、管轄法務局に承継の申出書と添
付書類を提出して、承認申請者の地位の承継を求める
ことができます。

解　説

1　申請土地の所有権移転に伴う承継申出について

　相続土地国庫帰属の承認申請から負担金納付までの間に、申請土地
の所有権の全部又は一部を取得した者は、その取得の日から60日以内
に限り、承認申請者の地位を承継することができます（規12①）。具体
的な手続としては、新たな承認申請者は、承認申請先の法務局に、承
継の申出書を提出することになります。その際、承継を証する添付書
類も併せて提出します。

　承認申請者の承継の原因としては、相続等を原因とした包括承継、
売買等を原因とした特定承継のいずれでも申出可能です。なお、特定
承継者からの地位承継を行う場合、元となる承認申請が相続等によっ
て土地の共有持分を取得した者が存在し、かつ、共有者全員による承
認申請がなされていること（法2②後段）に該当している必要があるこ

とにご注意ください。

　申出書、添付書類については、承認申請書及び添付書類の取扱いに準ずるものと考えられています（通達第7節2）。そのため、承継者本人からの申出であること、承継申出の意思確認は、原則として、申出書への記名押印、印鑑証明書の添付により行われます。

　当該土地の承継者であることは、登記記録、又は相続土地国庫帰属法施行規則3条1号で定める「当該者であることを証する書面」を確認することで判断されることとなります（規12③・2①本文・2③本文）。

2　地位承継の申出の却下等について

　申請土地の所有権移転に伴う承継申出が期限内に行われたが、申出人が新承継申請権者であるかどうか判断できない場合、管轄法務局長から、承継申出者等に対し補正等を求められることになります。相当期間経過するも補正等がされないときには、地位承継の申出は却下されることとなります。

　また、承認申請者が死亡するなどして、承認申請者としての地位を喪失した日から60日以内に承認申請者の地位承継の申出がないときには、承認申請は却下されることとなります（法4①一）。

○申出書（一般承継の場合）（通達別記第4号様式）

申出書

○○（地方）法務局長　殿

　下記承認申請に関し、相続の発生（注1）に伴い、新承認申請者として承認申請者の地位を承継し申請を継続しますので、その旨申出をします。

記

受付日：令和○年○月○日（注2）

受付番号：令和○年第○○号（注2）

申請土地の所在地番：○○県○○市○○町○○番

申請土地の地目及び地積：○　○○㎡

申請土地の所有権登記名義人の氏名・住所（注3）：○○○○

新承認申請者名：○○○○

承継の理由（注1）：令和○年○月○日相続

添付資料（注4）：印鑑証明書、承認申請者及び新承認申請権者の戸籍
　　　　　　　　事項証明書、登記承諾書

申出年月日　令和○年○月○日

申出人（新承認申請者）
　住所：○○県○○市○○町○○
　氏名：○○○○　　　　　　　实印
　　連絡先：○○－○○○○－○○○○

※複数の申出人が同一の申出書を用いる場合には、連名又は申請人ごとに別紙用紙を用いても差し支えありません。

（注1）具体的な理由を記載してください。

（注2）受付年月日及び受付番号が分かる場合に記載してください。

（注3）所有権登記名義人又は表題部所有者の氏名・住所を記載してください。

（注4）添付資料の概要を記載してください。

○申出書（特定承継の場合）

申出書

○○（地方）法務局長　殿

　下記承認申請に関し、売買（注1）に伴い、新承認申請者として承認
申請者の地位を承継し申請を継続しますので、その旨申出をします。

記

受付日：令和○年○月○日（注2）

受付番号：令和○年第○○号（注2）

申請土地の所在地番：○○県○○市○○町○○番

申請土地の地目及び地積：○　　○○㎡

申請土地の所有権登記名義人の氏名・住所（注3）：○○○○

新承認申請者名：○○○○

承継の理由：令和○年○月○日売買（注1）

添付資料（注4）：印鑑証明書、登記承諾書、登記事項証明書

申出年月日　令和○年○月○日

申出人（新承認申請者）（注5）

住所：○○県○○市○○町○○

氏名：○○○○　　　　　　　　　｜実印｜

連絡先：○○－○○○○－○○○○

※複数の申出人が同一の申出書を用いる場合には、連名又は申請人ごとに別紙用
　紙を用いても差し支えありません。

（注1）具体的な登記原因を記載してください。

（注2）受付年月日及び受付番号が分かる場合に記載してください。

（注3）所有権登記名義人又は表題部所有者の氏名・住所を記載してください。

（注4）添付資料の概要を記載してください。

（注5）法人の場合には、代表者名及び新承認申請者の会社法人等番号も記載してください。

第 2 章

・・・・・・・・・・・・・・・・・・・・・・・・・・・・

承認申請前の確認事項

第1　申請却下事由

1　概　論

［6］　承認申請の却下事由とは

　　相続土地国庫帰属の承認申請は、どのような場合に却下されますか。

　　相続土地国庫帰属の承認申請は、以下のいずれかに該当する場合、却下されます。

①　申請が申請権限を有しない者による場合

②　当該土地が相続土地国庫帰属法2条3項各号に定める却下事由に該当する場合

③　相続土地国庫帰属法3条に定める添付書類、手数料が納付されない場合

④　正当な理由がないにも関わらず承認申請者が調査に応じない場合

> 解　説

1　相続土地国庫帰属の承認申請の却下事由について

　相続土地国庫帰属法は、4条1項各号に、承認申請を却下すべき事由として、以下のものを挙げています。

①　承認申請が申請の権限を有しない者の申請によるとき

②　承認申請が相続土地国庫帰属法2条3項又は3条の規定に違反するとき

③　承認申請者が、正当な理由がないのに、相続土地国庫帰属法6条の規定による調査に応じないとき

　そこで、以下、相続土地国庫帰属法4条1項各号に示されている却下事由について説明します。

2　承認申請が申請の権限を有しない者の申請によるとき

　［2］にて説明したとおり、相続土地国庫帰属法において承認申請を行うことができる者は、相続等により土地の所有権のその全部又は一部を取得した者に限られています（法2）。そのため、これらの者以外から承認申請がなされた場合には、その申請は却下されることとなります（法4①一）。

　なお、共有に属する土地について承認申請を行う際には、共有者全員による共同申請による必要があります（法2②）（詳細については、［4］を参照してください。）。そのため、共有に属している土地を承認申請されたケースにおいて、共同申請が全員ではなく、一部の共有者が欠けていたときにも、その申請は却下されることとなると考えられます。

3　承認申請が相続土地国庫帰属法2条3項又は同法3条の規定に違反するとき

　相続土地国庫帰属法2条3項各号には、「その事由があれば直ちに通常の管理又は処分をするに当たり過分の費用又は労力を要するものと扱われる土地の類型」（村松秀樹＝大谷太編『Q&A　令和3年改正民法・改正不登法・相続土地国庫帰属法』356頁（金融財政事情研究会、2022））が規定されています（詳細については、［7］を参照してください。）。そのため、例えば、承認申請がなされた土地に担保権が設定されている（法2③二）など、相続土地国庫帰属法2条3項各号のいずれかに該当する場合に

は、その申請は却下されることとなります（法4①二）。

　また、相続土地国庫帰属法3条では、承認申請書の記載すべき内容
や、添付書類を提出する必要があること（法3①）、及び手数料を納付
する必要があること（法3②）が規定されています（承認申請の進み方
については [39] のフローチャートを、承認申請方法については、[41]
をそれぞれ参照してください。）。そのため、承認申請書に記載すべき
事項が記載されていない、添付書類が欠けている、手数料が納付され
ないなど、相続土地国庫帰属法3条の規定に違反する場合には、その
申請は却下されることとなります（法4①二）。

4　承認申請者が、正当な理由がないのに、相続土地国庫帰属法6条の規定による調査に応じないとき

　相続土地国庫帰属法6条では、「承認申請に係る審査のため必要が
あると認める」場合には、法務大臣はその職員に事実の調査をさせる
ことができると規定されています（法6①）（承認申請の調査方法の概
略については [44] を、各却下事由、不承認事由の存否の判断につい
ては、各事由について説明している項目を参照してください。）。この
職員による調査を承認申請者が「正当な理由」なく応じない場合には、
その申請は却下されることとなります（法4①二）。

[7]　相続土地国庫帰属法2条3項各号の却下事由の概要は

　　相続土地国庫帰属法2条3項各号に定める「却下事由」とは何ですか。また、どのようなものがありますか。

　　相続土地国庫帰属法2条3項各号では、その事由があれば、直ちに通常の管理又は処分をするに当たり過分の費用又は労力を要するものとして扱われる土地の類型を定めています。

　却下事由には、同法2条3項各号により、5つの類型が定められています。

解　説

1　相続土地国庫帰属法の考え方

　国庫帰属の却下事由に該当する土地の類型として、相続土地国庫帰属法2条3項は、5つの具体的類型を列挙しています。

　これは、相続土地国庫帰属法が、「土地の管理コストが不当に転嫁されず、モラルハザードも生じない場合を類型化した要件を設定」（中込一洋『実務解説　改正物権法』368頁（弘文堂、2022））し、これを承認制度の要件として定めることを意図してなされたものと解されています。

　なお、相続土地国庫帰属法は却下事由の他にも不承認事由（法5①）を定めています。却下事由と不承認事由との差異、判断する際に実地調査を実施するかどうか等については、[23]を参照してください。

2　具体的な類型

　相続土地国庫帰属法2条3項では、却下事由として5つの類型を定めています。

（1）　建物が存する土地

　建物が存する土地について、一般に管理コストが土地以上に高額である、老朽化等のリスクがある（村松秀樹＝大谷太編『Q&A　令和3年改正民法・改正不登法・相続土地国庫帰属法』357頁（金融財政事情研究会、2022））など、通常の管理又は処分をするに当たり過分の費用又は労力を要することが明らかな土地といえます。そこで、申請対象土地上に建物が存在する場合には却下事由に該当することとなります（法2③一）。建物の有無の判断方法等については［9］を参照してください。

（2）　担保権又は使用及び収益を目的とする権利が設定されている　　　土地

　担保権又は使用及び収益を目的とする権利が設定されている土地は、国庫帰属後に土地の管理を行うに当たり、国が権利者等に配慮しなければならないなど、通常の管理又は処分をするに当たり過分の費用又は労力を要することが明らかな土地といえます（村松＝大谷・前掲357頁参照）。そこで、申請対象土地上に担保権又は使用及び収益を目的とする権利が設定されている場合には却下事由に該当することとなります（法2③二）。どのような権利関係が設定されている場合に、相続土地国庫帰属法2条3項2号に該当するか等については［10］を参照してください。

（3）　通路その他の他人による使用が予定される土地として政令で　　　定めるものが含まれる土地

　現に土地所有者以外の第三者も使用し、これからも使用が予定されている私道などは、通常の管理又は処分をするに当たり過分の費用又は労力を要することが明らかな土地といえます（村松＝大谷・前掲357頁

参照）。そこで、申請対象土地が通路その他の他人による使用が予定される土地として政令で定めるものが含まれる土地に該当する場合には却下事由に該当することとなります（法2③三）。どのような場合が相続土地国庫帰属法2条3項3号に該当するか等については［12］を参照してください。

（4） 特定有害物質により汚染されている土地

特定有害物質により汚染されている土地は、当該汚染による人の健康被害を防止するため措置を講じる必要等が生じるため、通常の管理又は処分をするに当たり過分の費用又は労力を要することが明らかな土地といえます（村松＝大谷・前掲358頁参照）。そこで、申請対象土地が法務省令で定める基準値を超えて特定有害物質により汚染されている土地に該当する場合には却下事由に該当することとなります（法2③四）。どのような場合が相続土地国庫帰属法2条3項4号に該当するか等については［17］を参照してください。

（5） 境界が明らかでない土地その他の所有権の存否、帰属又は範囲について争いがある土地

隣接する土地の所有者との間で土地境界線について紛争がある土地などは、当該紛争を放置しておくと管理に支障が生じるおそれ等も生じ、また紛争を解決するためには通常の管理又は処分をするに当たり過分の費用又は労力を要することが明らかな土地といえます（村松＝大谷・前掲359頁参照）。そこで、申請対象土地が、境界が明らかでない土地その他の所有権の存否、帰属又は範囲について争いがある土地に該当する場合には却下事由に該当することとなります（法2③五）。どのような場合が相続土地国庫帰属法2条3項5号に該当するか等については［20］を参照してください。

2　建物の存する土地（法2条3項1号）

［8］　「建物」と「建築物」の違いとは

　　相続土地国庫帰属法2条3項1号に定める「建物」とは、どのようなものを指しますか。また、「建築物」とは、何が違うのでしょうか。

　　相続土地国庫帰属法2条3項1号に定める「建物」とは、「屋根及び周壁又はこれらに類するものを有し、土地に定着した建造物であって、その目的とする用途に供し得る状態にあるもの」（不登規111）と解されています。

　他方、「建築物」とは、建築基準法上の概念となります。

解　説

1　「建物」とは

　相続土地国庫帰属法は、申請の対象となった土地が「建物がある土地」に該当する場合には、国庫帰属の承認申請を却下することとしています（法2③　）。

　では、どのような建築物が申請の対象の土地上にあった場合に「建物」が存在すると判断されるかですが、通達では不動産登記規則111条に定められている「建物」に該当するかどうかを判断基準とするとしています（通達第10節第3⑤）。そして、不動産登記規則111条では、建物とは、「屋根及び周壁又はこれに類するものを有し、土地に定着した建造物であって、その目的とする用途に供し得る状態にあるもの」と規定しています。

2　「建築物」とは

　他方、「建築物」とは、建築基準法2条にて、「土地に定着する工作物のうち、屋根及び柱若しくは壁を有するもの（これに類する構造のものを含む。）、これに附属する門若しくは塀、観覧のための工作物又は地下若しくは高架の工作物内に設ける事務所、店舗、興行場、倉庫その他これらに類する施設（鉄道及び軌道の線路敷地内の運転保安に関する施設並びに跨線橋、プラットホームの上家、貯蔵槽その他これらに類する施設を除く。）をいい、建築設備を含むもの」とされています。

　そのため、不動産登記規則111条に定義されている「建物」に比べ、建築基準法2条の「建築物」の方が広い概念といえます。

　なお、「建物」（法2③一）への該当性については、[9]を参照してください。

［9］　「建物」の有無はどのように確認するか

　申請却下の判断に際し、「建物」の有無の審査は、どのように行われますか。

　「建物」の有無の審査では、書面調査と実地調査が行われる予定です。書面調査では、登記記録や添付写真の確認が行われます。

実地調査を行う場合には、現地調査等を予定しています。

解　説

1　承認申請の審査について

　相続土地国庫帰属の承認申請がなされると、法務大臣（法務局）による要件審査が行われます。ここでは、相続土地国庫帰属法2条3項1号の「建物」の存否をどのように審査していくかについて解説していきます。

2　「建物」の有無についての書面調査

　まず、法務大臣（法務局）は、承認申請の対象となった土地を底地とする建物が登記記録に存在するかどうかを確認します。もし、滅失した建物の登記が残っているようであれば、法務大臣（法務局）は承認申請者に対し、抹消登記手続を促すことが想定されています（通達第10節第3⑤）。

　また、承認申請書には、申請土地の形状を明らかにする写真を添付する必要があります（規3五）。当該写真を確認し、申請対象土地に建物が存するかどうかを確認します。

3　「建物」の有無についての実地調査

　書面調査を行い、却下要件が存することが確実であり、しかも補正される見込みがない場合には、実地調査は実施されずに承認申請は却下される方向で手続が進められることになります。他方、このような事情がない場合には、原則として承認申請の対象土地を管轄する法務局の帰属担当者が実地調査（法6②）を行うこととなります。

　ここでは、実地調査のうち、相続土地国庫帰属法2条3項1号の「建物」の存否についての判断であることから、「屋根及び周壁又はこれに類するものを有し、土地に定着した建造物であって、その目的とする用途に供し得る状態にあるもの」（不登規111）（詳細については［8］を参照してください。）に該当する建造物の有無を調査することとなります（通達第10節第3⑤）。なお、「建物」には該当しない廃屋等が存在することが現地調査にて判明した場合には、当該廃屋等が「土地の通常の管理又は処分を阻害する」「有体物」（法5①二）に該当するかどうかを別途、検討することになります（詳細については［27］を参照してください。）。

　このようにして「建物」がある土地であることが判明した場合、承認申請は却下されてしまうのですが、国庫帰属の承認申請をするような不要な土地であれば、低廉な金額（例えば、1円）での売却も検討の余地があると思われます。低廉な金額での不動産売買の市場において、建物が存在しているということはプラスに働くことも多いと聞きます。

　そこで、国庫帰属だけでなく、低廉な価格での売却等も視野に入れ、どのように当該不動産を手放すことが可能か、複合的に検討してみてください。

3　担保権又は使用及び収益を目的とする権利が設定されている土地（法2条3項2号）

[10]　担保権又は使用及び収益を目的とする権利が設定されている土地とは

「担保権又は使用及び収益を目的とする権利」とは、どのような土地でしょうか。

「担保権又は使用及び収益を目的とする権利」とは、抵当権等の担保権、又は地上権、地役権、賃借権等の使用及び収益を目的とする権利をいいます。

これらの権利が設定されている土地については、国が土地の管理を行う際に、権利者に配慮しなければならず、担保権が実行された場合は国が土地の所有権を失うことになるため、承認申請ができない土地とされました。

解　説

1　「担保権又は使用及び収益を目的とする権利が設定されている土地」について

「担保権又は使用及び収益を目的とする権利が設定されている土地」（法2③二）とは、抵当権等の担保権、又は地上権、地役権、賃借権等の使用及び収益を目的とする権利が設定されている土地をいいます。

この「担保権」には、買戻特約や譲渡担保権も含まれるため、これらの権利が設定されている土地も含まれます（村松秀樹＝大谷太編『Q&A

令和３年改正民法・改正不登法・相続土地国庫帰属法』357頁（金融財政事情研究会、2022））。

　また、「使用及び収益を目的とする権利が設定されている土地」には、入会権や経営管理権が設定されている土地、森林組合等への森林経営委託契約等の契約が締結されている土地も含まれます。

　なお、不法占拠者などの無権利者が占有している土地などについては、「使用及び収益を目的とする権利が設定されている土地」に「準ずる事情がある土地」として定めることも検討されていましたが（部会資料36の１・11頁）、最終的には「所有権に基づく使用又は収益が現に妨害されている土地」として、別に定められることになりました（法５①四、令４②二）。詳細は［32］を参照してください。

　「担保権又は使用及び収益を目的とする権利が設定されている土地」は、国が土地の管理を行う際に、権利者に配慮しなければならず、担保権が実行された場合は国が土地の所有権を失うことになります。また、土地に関して権利を主張する者との間で紛争が生じているような場合、その紛争が国に押し付けられる可能性もあります。そのため、このような土地は、承認申請をすることができない土地とされました。

２　担保権を抹消する手続について

　上記のとおり、土地に担保権が設定されている場合は、承認申請をすることができません。土地に担保権が設定されているかどうかについて、抵当権等の登記が可能な担保権の場合は、土地の登記簿謄本により確認することができます。

　このように登記されている担保権の場合、担保権を抹消する方法としては、被担保債権の弁済や、被担保債権の弁済期から長期間が経過している場合は消滅時効の主張をすることが考えられます。

　ただし、担保権を抹消したとしても、他の不承認事由に該当してし

まう場合は、コスト（特に被担保債権を弁済する場合）と手間をかけたとしても最終的に承認申請ができないことに注意が必要です。いっそ相続放棄をしてしまった方が簡便の場合もありますので、担保権を抹消する手続を進める前に、一度弁護士などの専門家に相談した方がよいと考えられます。

3　休眠担保権等が設定されている場合

　担保権の登記がされてはいるものの、事実上行使されていない、いわゆる休眠担保権や、明らかに行使されていない使用収益権が設定されている土地については、設定されたままの状態では、国庫帰属後に国が土地を管理したり、第三者に譲渡したりする際の障害となるため、国の管理コストの負担の観点から、最終的には承認申請ができないものとされています（部会資料36の11頁）。

　休眠担保権や明らかに行使されていない使用収益権が設定されている土地の場合、設定時からの時間の経過により、登記簿上の記録からは担保権者や使用収益権を有する者の所在が不明である場合が少なくないものと思われます。

　この点、担保権者や使用収益権を有する者が所在不明である場合は、登記権利者（土地の所有者）は、①共同申請の原則（不登60）の例外として、公示催告（非訟99）を申し立てた上で、除権決定（非訟106①）を得て、単独で登記の抹消を申請する方法によるか（不登70）、②訴訟を提起し、公示送達の方法などを用いて、執行力のある確定判決の判決書の正本を取得した上で登記申請する方法（不登63①、不登令7①五ロ（1））による必要があります。

4　不動産登記法の改正

　前記①の公示催告を申し立てた上で、除権決定を得て単独で登記の

抹消を申請する方法について、不動産登記法の改正により、一定の場合は要件が緩和されました。

　土地に買戻特約に関する登記がされている場合、その買戻特約がされた売買契約の日から存続期間の上限である10年（民580①）を経過したときは、登記権利者（土地の所有者）は、単独で登記の抹消を申請することができるようになりました（不登69の2）。

　また、地上権、永小作権、質権、賃借権若しくは採石権に関する登記で登記された存続期間が満了しているものや、買戻特約に関する登記で買戻しの期間が満了しているものについては、買戻権者や使用収益権を有する者の所在につき一定の調査（不登規152の2）を行っても、所在が判明しないときは、「所在が知れないもの」とみなされることになりました（不登70②）。

　さらに、先取特権、質権又は抵当権に関する登記については、共同して抹消登記を申請すべき法人が解散し、一定の調査（不登70②、不登規152の2）を行っても、その法人の清算人の所在が判明しない場合は、被担保債権の弁済期から30年を経過し、かつ、その法人の解散の日から30年を経過したときは、単独で抹消登記を申請することができるようになりました（不登70の2）。

　このように不動産登記法の改正により、一定の場合は要件が緩和されたとはいえ、時間やコストがかかるのは否定できません。そのため、手続を進める前に弁護士などの専門家に相談した方がよいでしょう。

[11]　担保権又は使用及び収益を目的とする権利の調査方法は

「担保権又は使用及び収益を目的とする権利」は、どのように調査されるのでしょうか。

書面調査として土地の登記記録を確認して、担保権又は使用収益権が存在しない場合は、権利設定の有無について積極的に調査しないものとされています。土地が農地、入会権や経営管理権が設定されている土地等の場合は、関係機関から提供を受けた資料の内容も確認されます。

また、実地調査がされますが、担保権又は使用収益権の存在を疑うに足る事情があるときを除き、特段の確認はしないものとされています。

解　説

1　「担保権又は使用及び収益を目的とする権利」の調査方法について

「担保権又は使用及び収益を目的とする権利が設定されている土地」については、承認申請をすることができません（法2③二）。このような土地は、承認申請をすることができない土地ですので、申請をしたとしても申請が却下されることになります。

土地の所有者が承認申請をした際、法務局は「担保権又は使用及び収益を目的とする権利」が設定されているかどうかにつき、書面調査及び実地調査（法6②）を行います。

　書面調査では、申請された土地の登記記録により、抵当権、買戻特約、譲渡担保権等の担保権の登記、処分制限（差押え等）の登記、地上権、地役権、賃借権等の使用及び収益を目的とする権利が登記されているかについて確認します。また、農地の使用収益権については、関係機関に対する資料の提供を依頼し（法７）、農地台帳の使用収益権の設定状況も併せて確認されます（通達第９節２・第10節第３⑥）。

　登記記録上、担保権又は使用収益権が存在しない場合には、権利設定の有無について積極的に調査はされません（通達第10節第３⑥）。他方で、調査の過程で抵当権等の存在を疑うに足る事情がある場合には、申請者から事情を聴取した上、必要に応じて資料の提出を求めるものとされています。

　入会権や経営管理権（森林経営２④）が設定されている土地、森林組合等への森林経営委託契約等の管理や経営に関する委託契約を締結している土地については、登記記録上は明らかではありません。そのため、申請者の申告内容に加えて、関係機関に対して資料の提供を依頼して（法７）取得した資料も併せて確認されます。

　実地調査では、特段の調査はなされませんが、現地において、担保権又は使用収益権の存在を疑うに足る事情があるときは、承認申請者、隣接地所有者又は近隣住民に確認をする等の調査を実施するものとされています（通達第10節第３⑥）。

2　事前の調査方法

　前記のとおり、承認申請した場合には法務局が農地の使用収益権、入会権の有無などの調査を行いますが、申請前に申請者自ら調査するという方法も考えられます。

　農地に使用収益権が設定されているかどうかについては、農業委員

会に対し、農地台帳の閲覧申請を行うという方法があります。各自治
体の農業委員会により、必要書類や書式は異なるようですので、申請
する土地の農業委員会に問い合わせてみるのがよいと思われます。

　森林に経営管理権が設定されているかどうかについては、調査可能
です。市町村は、経営管理権集積計画を定めたときは、遅滞なく、経
営管理権集積計画を定めた旨を公告する必要があります（森林経営7）。
そのため、森林に経営管理権が設定されているかどうかについては、
土地が所在する市町村のウェブサイト等で確認することができます。

　ただ、入会権や森林組合等への森林経営委託契約等の管理や経営に
関する委託契約が締結されているかどうかについては、調査が容易で
はありませんし、自治体に照会したとしても回答が得られない可能性
があります。また、森林経営委託契約の有無については、林地台帳（森
林191の4）に記載されている森林経営計画（森林11①）の認定状況を閲
覧することが考えられますが、委託契約の有無については記載がなく、
確認することができません。そのため、これら事項については、事前
調査に限界があります。

　事前調査方法については以上のとおりです。事前調査を行うかどう
かは、権利が設定されている可能性や費用や手間を考慮して決める必
要があると思われます。

3　登記されていない担保権が設定されている場合

　担保権又は使用収益権については、必ずしも登記がされているとは
限りません。担保権又は使用収益権が設定されている土地について
は、そもそも認定処分がされないため、国が担保権等が設定された土
地を取得することは想定されていませんが、仮に、承認処分を受けた
土地につき処分時に未登記であった権利が設定されていたとしても、

土地を所有者から承継取得した国は民法177条の「第三者」に該当する
ため、担保権や使用収益権を有する者は国に対抗することができない
ものと考えられます（村松秀樹＝大谷太編『Q&A　令和3年改正民法・改正不
登法・相続土地国庫帰属法』357頁（金融財政事情研究会、2022）、部会資料48の5
頁）。

　なお、承認申請地に却下事由又は不承認事由があることを認識して
いたにもかかわらず、その事実を隠していた場合など、偽りその他不
正の手段により承認を得た場合は帰属承認の取消事由になることに注
意が必要です（法13①）。詳細は［55］を参照してください。

4　通路その他の他人による使用が予定される土地（法2条3項3号）

[12]　「通路その他の他人による使用が予定される土地」とは

　「通路その他の他人による使用が予定される土地」とは、どのような土地が該当するでしょうか。

　現に通路の用に供されている土地、墓地内の土地、境内地及び現に水道用地、用悪水路又はため池の用に供されている土地が該当します。これらの土地については、通常の管理・処分をするに当たり過分の費用・労力を要する土地として、土地国庫帰属の承認却下要件となります。

解　説

1　相続土地国庫帰属法2条3項3号について

　[6][7]における説明のとおり、相続土地国庫帰属法2条3項各号では、これに該当する場合には、通常の管理・処分をするに当たり過分の費用・労力を要するものとして、土地国庫帰属の承認申請を却下する事由が列挙されており（法4①二）、このうち、同法2条3項3号では、「通路その他の他人による使用が予定される土地として政令で定めるものが含まれる土地」との却下事由が設けられています。

　これは、所有する土地の放棄により土地の管理コストを国に不当に転嫁することを防止する観点から、放棄できる土地は、その管理に当たって他者との間の調整や管理以外の目的での費用負担を要しないこ

とが求められ（部会資料36の16頁）、さらに、国民の予測可能性が担保されるようにするため、土地の類型として想定される例を相続土地国庫帰属法に明示し、その他について政省令で定めることとし（部会資料48の8頁）、その例をできるだけ具体的に規定するため、多数の者との調整が必要になる土地として想定していた土地を「他人による使用が予定されている土地」と表現し、その典型例として「通路」を例示したものです（部会資料54の5頁）。

　そして、「他人による使用が予定されている土地」については、土地国庫帰属の承認申請を認めるに当たり、他者との間の調整や管理以外の目的での費用負担を要しないことが求められた趣旨から、第三者が実際にその土地を利用している土地に加え、第三者による具体的な利用予定があり、これらの第三者との関係で一定の調整等を要することが具体的に見込まれる土地も含まれると解されます（森下宏輝ほか「相続等により取得した土地所有権の国庫への帰属に関する法律施行令の解説」NBL1232号5頁）。

　かかる土地の具体例については、以下のとおり相続土地国庫帰属法施行令で記載されることになりました。

2　相続土地国庫帰属法施行令2条各号について

　上記相続土地国庫帰属法2条3項3号の「他人による使用が予定される土地として政令で定めるもの」の詳細については、同法施行令2条各号において、以下のとおり具体的に規定されています。
① 　現に通路の用に供されている土地（令2一）
② 　墓地内の土地（令2二）
③ 　境内地（令2三）
④ 　現に水道用地、用悪水路又はため池の用に供されている土地（令2四）

　各却下事由の詳細については、後述します。

　なお、法制審議会の民法・不動産登記法部会においては、上記に列挙されているもののほか、地域住民等によって管理・利用され、その管理に当たって多数の者との間の調整が必要になる土地の例として、鉱泉地、池沼、運河用地、井溝、堤、公衆用道路、別荘地（部会資料36の16頁、部会資料48の12頁、部会資料54の6頁）も挙げられています。これらは、相続土地国庫帰属法施行令に明記されていないからといって、必ずしも除外されているとはいえないでしょう。上記のうち「公衆用道路」については、「相続土地国庫帰属法施行令案（仮称）についてのパブリック・コメント」の6番において、通路に該当する旨回答がなされています。

　したがって、相続土地国庫帰属の承認申請における調査では、書面調査と実地調査が行われますが（詳細は［15］参照）、相続土地国庫帰属法施行令に明記されていない鉱泉地等につき、書面調査において直ちに却下要件に該当することが確実と判断されるかは明らかでないものの、通常の管理・処分をするに当たり過分の費用・労力を要するものと認められる場合には、実地調査を行った上で承認却下又は不承認となることが予想されます。

　とはいえ、何をもって通常の管理・処分をするに当たり過分の費用・労力を要するものと認められるかは明確ではありません。相続土地国庫帰属法が承認却下要件を設けた趣旨が、所有する土地の放棄による土地の管理コストを国に不当に転嫁することの防止にあることからすれば、できるだけ管理コストが生じないよう、第三者の関与がある程度見込まれ調整が必要となる可能性がある土地は、承認が却下されるおそれが高いと思われます。ですので、相続土地国庫帰属法施行令に明記されている土地や部会資料で挙げられた土地について国庫帰属の承認申請を検討する場合は、注意が必要です。

[13] 「通路」、「水道用地、用悪水路又はため池」では、「現に」その用に供されていることが必要とされた理由とは

 「通路」、「水道用地、用悪水路又はため池」は、「現に」その用に供されている場合が却下事由となっていますが、その根拠は何でしょうか。

 「通路」も「水道用地、用悪水路又はため池」も、現在利用されていない土地については、将来的にその用に供されることが確実とはいえず、他者との間の調整や管理以外の目的での費用負担が生じるおそれが低いためです。

解　説

1　「現に通路の用に供されている土地」（令2一）について

「通路」については、相続土地国庫帰属法2条3項3号において「他人による使用が予定されている土地」の典型例として例示されており、本号はこれを引用して規定されたものとなっています。

この「通路」という用語は、民法211条2項、都市計画法11条1項8号及び建物の区分所有等に関する法律5条等に規定がありますが、定義は存在しません。

これと類似する用語に「道路」があり、道路法2条1項、道路交通法2条1項1号、建築基準法42条1項等でそれぞれ定義付けられていますが、統一的なものはなく、法律ごとに定義付けられた内容で解釈することになります。

　一般的に「道路」は、道路法や道路交通法等で、一般交通の用に供する道で、高速自動車道等に該当するものと定められているように、公共性を有し、比較的規模が大きいものをイメージすることが多いですが、「道路」には公道のほか私道もあるため、必ずしもそれに限られるものではありません。

　他方、「通路」は、「敷地内の通路」（建基令128）等、比較的小規模のもののイメージがありますが、こちらも、必ずしもそれに限られず、「道路」も含めた人や物が移動することができる場所の総称として使用されることもあります。

　相続土地国庫帰属法施行令2条1号の「通路」について、「道路」のうち公道はそもそも個人の所有に属するものではないため相続土地国庫帰属法の対象外ですが、私道については、例えば位置指定道路（建基42①五）等は、所有者以外の者の通行が予定されており、通常の管理・処分をするに当たり過分の費用・労力を要することとなるため、「通路」に該当すると解されます。「相続土地国庫帰属法施行令案（仮称）についてのパブリック・コメント」の6番においても、公衆用道路も通路に該当する旨回答がなされていますし、通達第10節第3⑦においても、現に通路の用に供されている土地であるかの実地調査では、現に「道路」の用に供されている土地に該当するかも確認するものとされています。

　したがって、本号の「通路」は、「道路」も含めた人や物が移動することができる場所の総称と理解することとなります。

　また、相続土地国庫帰属法施行令2条1号の「通路の用に供されている土地」には、同条2号、3号とは異なり、「現に」という要件が定められています。これは、現在において通路として利用されていない土地については、第三者が実際にその土地を利用しているわけではなく、将来的に通路として利用されることが確実であるとは必ずしもい

えないため、他者との間の調整や管理以外の目的での費用負担が生じるおそれが低いことから、「現に」利用されている土地に限り却下事由とすることとなったものです（森下宏輝ほか「相続等により取得した土地所有権の国庫への帰属に関する法律施行令の解説」NBL1232号5頁）。

　「相続土地国庫帰属法施行令案（仮称）についてのパブリック・コメント」の9番において、「現に」の判定はどのように行うのかという質問に対し、「法第6条に規定する事実の調査や、法第7条に規定する資料の提供要求等によって、判断を行うことを予定しています。」との考え方が示されていますが、なお不明確さが残ります。

　例えば、所有する山の中に設けられた私道で、以前は地域住民等にも利用されていたが、現在は公道につながる入り口と出口部分が封鎖されて通行できなくなっているような場合等、第三者がその土地を通路として利用しておらず、利用する可能性もないような状況であれば、「現に通路の用に供されている土地」には該当しないと思われますが、公道につながる入り口と出口部分に「これより私有地」などといった看板が置かれていても、地域住民等が抜け道等で依然として利用し続けているような土地については、他者との間の調整で費用負担が生じるおそれがあるとして、「現に通路の用に供されている土地」と判断される可能性が高いでしょう。

2　「現に水道用地、用悪水路又はため池の用に供されている土地」（令2四）について

　「水道用地」とは、専ら給水の目的で敷設する水道の水源地、貯水池、ろ水場又は水道線路に要する土地をいいます（不登準則68十五）。このうち、貯水池はダム等を指し、ろ水場は浄水場等を指します。

　また、「用悪水路」とは、かんがい用又は悪水はいせつ用の水路をいいます（不登準則68十六）。生活用水を始め、農業用水、工業用水等のた

めの水路を含みます（法務省「相続土地国庫帰属制度のご案内」18頁）。

　「ため池」とは、耕地かんがい用の用水貯留池をいいます（不登準則68十七）。

　これらの土地は、地域住民その他多数の者によって管理・利用され、その管理に当たって多数の者との間の調整が必要になるため（部会資料36の16頁、部会資料48の12頁参照）、国への所有権移転を認めない土地とされています。

　もっとも、これらの土地は、上記「通路」と同様、「現に」という要件が定められています。これは、現在に水道用地、用悪水路又はため池の用に供されていない土地は、第三者が実際にその土地を利用しているわけではなく、将来的に水道用地等として利用されることが確実であるとは必ずしもいえないことから、「現に」利用されている土地に限り却下事由とすることとなったものです（森下ほか・前掲6頁）。

　したがって、例えば「用悪水路」に該当する農業用水のための水路について、現在は同水路の水を利用した農地での農業が行われていなかったとしても、同農地の所有者が高齢であり、近い将来相続又は譲渡により相続人又は譲受人により農業が再開される可能性が見込まれる場合には、「現に通路の用に供されている土地」と判断される可能性があるでしょう。

[14]　「墓地内の土地」、「境内地」とは

　　「墓地内の土地」、「境内地」は、どのような土地が該当するでしょうか。

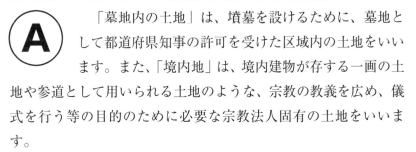　　「墓地内の土地」は、墳墓を設けるために、墓地として都道府県知事の許可を受けた区域内の土地をいいます。また、「境内地」は、境内建物が存する一画の土地や参道として用いられる土地のような、宗教の教義を広め、儀式を行う等の目的のために必要な宗教法人固有の土地をいいます。

　これらの土地については、その管理に当たり過分の費用又は労力を要するものとして、承認申請ができない土地とされました。

解　説

1　「墓地内の土地」（令2二）について

　「墓地」は、墓地、埋葬等に関する法律（以下「墓埋法」といいます。）2条5項において、「墳墓を設けるために、墓地として都道府県知事（市又は特別区にあっては、市長又は区長）の許可を受けた区域」とされています。

　自己所有の土地を使用し、自家用の墓地のみを設置した区域（いわゆる「個人墓地」）も、「墓地」として経営等の許可が必要になります（生活衛生法規研究会『新訂　逐条解説　墓地、埋葬等に関する法律〔第3版〕』15頁（第一法規、2017））。したがって、ここでいう「経営」は、墓地等を設置し、管理し、運営することをいい、「企業経営」という場合に用い

られる場合の語義よりも広義に解釈されています（生活衛生法規研究会・
前掲47頁）。

　また、墓地経営に必要な又は付帯する施設、例えば、駐車場、管理
事務所、芝生、休憩所等は墓地と同一の敷地内にあり、管理上、又は
社会通念からみても一体の施設とみられるものは、「墓地」の区域内に
含まれます（生活衛生法規研究会・前掲15頁）。

　このような墓地は、その管理が国民の宗教的感情に適合し、かつ公
衆衛生その他公共の福祉の見地から支障なく行われなければならない
（墓埋法1）ところ、墓地には、第三者が墳墓を設けることが当然に予
定されており、墓地内の土地において現に墳墓が設けられているか否
かを問わず、国民の宗教的感情にも公衆衛生にも配慮した管理が必要
となります。

　したがって、墓地内の土地については、通常の管理又は処分を行う
に当たり過分の費用又は労力を要するものとして承認申請をすること
ができない土地とされました（森下宏輝ほか「相続等により取得した土地所
有権の国庫への帰属に関する法律施行令の解説」NBL1232号5頁）。

　なお、墓埋法2条5項は、墓地を「区域」として定義していること
から、相続土地国庫帰属法施行令2条2号は、「墓地内の土地」と規定
することとされています。

　また、墓埋法に基づいて墓地として許可を受けた区域内の土地では
ないものの、承認申請に係る土地上に現に墓石が設けられているよう
な場合には、相続土地国庫帰属法施行令2条2号には該当しませんが、
相続土地国庫帰属法5条1項2号の「土地の通常の管理又は処分を阻
害する工作物、車両又は樹木その他の有体物が地上に存する土地」に
該当し得ると考えられます（森下ほか・前掲6頁）。

　ですので、墓石が設けられている相続土地の国庫帰属申請をするに
当たり、その土地が墓地として許可を受けた区域内の土地でなければ

承認却下事由には該当しませんが、その墓石が相当過去に設けられた
ものであり、複数の遺骨が埋葬されていて、相続人間で権利関係が複
雑・不明確になっていたり、そもそも誰が相続人（祭祀承継者）であ
るのか分からなくなっているような場合には、土地の通常の管理や処
分が困難であるとして、不承認事由に該当する可能性があるので注意
が必要です。万一、墓石はあるが墓地として許可を受けた区域内の土
地でないことから相続土地の国庫帰属申請を行ったところ、不承認事
由に該当する可能性が生じた場合には、承認申請を取り下げるという
方法も考えられます（規7）。

2　「境内地」（令2三）について

　境内地は、宗教法人法3条において、「第2号から第7号までに掲げ
るような宗教法人の同条（注：同法2条を指します。）に規定する目的
のために必要な当該宗教法人に固有の土地」とされています。すなわ
ち、境内地は、宗教法人が、宗教の教義を広め、儀式行事を行い、及
び信者を教化育成する目的のために必要な当該宗教法人固有の土地で
あって、境内建物が存する一画の土地（立木竹その他建物及び工作物
以外の定着物を含みます。）(宗法3二)、参道として用いられる土地（宗
法3三)、宗教上の儀式行事を行うために用いられる土地（宗法3四）、庭
園、山林その他尊厳又は風致を保持するために用いられる土地（宗法3
五)、歴史、古記等によって密接な縁故がある土地（宗法3六)、上記建
物、工作物又は土地の災害を防止するために用いられる土地(宗法3七)
をいいます。

　このような境内地は、宗教法人によって継続的に使用されることが
前提となっている土地であり、その性質上、一般参拝者による継続的
な立入りも予定される土地であることから、通常の管理又は処分に当
たり第三者との間で一定の調整等を要するため、通常の管理又は処分

を行うに当たり過分の費用又は労力を要するものとして承認申請をすることができない土地とされました（森下ほか・前掲６頁）。

　なお、「相続土地国庫帰属法施行令案（仮称）についてのパブリック・コメント」の10番では、「境内地についても、現に境内地として使用されているものに限定すべきである。」との意見がなされましたが、これに対しては、「境内地は、宗教法人法（昭和26年法律第126号）第３条第２号から第７号までに掲げるような宗教法人の目的のために必要な固有の土地をいい、基本的には宗教上の儀式行事のため（同条第４号）や庭園（同条第５号）などとして用いられている土地が想定されています。」との考え方が示され、「現に」の文言は設けられませんでした。これは、上記考え方によれば、境内地は通常宗教上の儀式行事のためや庭園などとして用いられているので、あえて「現に」の文言を設ける必要はないと考えられたことや、宗教法人における儀式行事は様々であるため、何をもって「現に」使用されているかの判断が容易ではないと考えられたことによると思われます。

　したがって、一見すると「現に」使用されているか疑わしい土地であっても、上記の境内地の定義に該当する場合には、原則として広く承認却下事由に該当し得るので、国庫帰属の承認申請を行う場合には、慎重に検討する必要があります。

[15]　「通路その他の他人による使用が予定される土地」の調査とは

「通路その他の他人による使用が予定される土地」の承認申請がなされた場合にはどのような調査がなされるでしょうか。

承認申請を行うと、承認申請書類の記載内容、相続土地国庫帰属法7条の規定に基づき関係機関から取得した資料等の内容による書面調査及び相続土地国庫帰属法6条2項に規定する実地調査が行われます。具体的な調査事項は、通達（相続土地国庫帰属制度事務処理要領）において定められています。

解　説

1　承認申請について

　承認申請を行うと、承認申請書類の記載内容、相続土地国庫帰属法7条の規定に基づき関係機関から取得した資料等及び登記所が保有する資料の内容による書面調査及び相続土地国庫帰属法6条2項に規定する実地調査が行われます。

　以下、通路その他の他人による使用が予定される土地（法2③三、令2）についての調査事項を説明します。

2　書面調査（通達第10節第3⑦）

　書面調査では、それぞれの土地につき、以下の書面を中心に調査が

なされます。

（1）　現に通路の用に供されている土地

添付書面の写真（申請土地の形状を明らかにする写真）（規3五）及び登記記録上の地目により、申請土地が現に通路の用に供されている土地に該当するかが確認されます。

申請者において却下事由に該当しないか事前に調査をする場合には、法務局で不動産の登記事項証明書を取得することで、地目を確認することができます。取得方法としては、最寄りの法務局で申請する方法のほか、郵送やインターネットで請求することも可能です。

（2）　墓地内の土地

相続土地国庫帰属法7条の規定に基づき関係機関から提供を受けた墓地の許可に関する資料、添付書面の写真（申請土地の形状を明らかにする写真）（規3五）により、申請土地が墓地内の土地に該当するかが確認されます。

関係機関から提供を受けた墓地の許可に関する資料としては、関係機関への依頼書に対する回答（通達別記第6号様式別紙⑫）が該当します。申請者において却下事由に該当しないか事前に調査をする場合には、埋葬許可証や墓地等経営許可証等の存否により「墓地内の土地」か否かを確認することができます。これらの許可証等が手元に残っていない場合には、墓地が所在する地域の市区町村の役所で再発行を申請することが可能です。

（3）　境内地

相続土地国庫帰属法7条の規定に基づき関係機関から提供を受けた境内地に関する資料、添付書面の写真（申請土地の形状を明らかにする写真）（規3五）及び登記記録上の地目により、申請土地が境内地に該当するかが確認されます。

関係機関から提供を受けた境内地に関する資料としては、上記と同

様、関係機関への依頼書に対する回答（通達別記第6号様式別紙⑬）が該当します。申請者において却下事由に該当しないか事前に調査をする場合には、境内地・境内建物証明書等の存否により「境内地」か否かを確認することができます。この証明書等の資料が手元に残っていない場合には、境内地が所在する地域の都道府県庁で再発行を申請することが可能です。

　また、法務局で不動産の登記事項証明書を取得することで、地目を確認することができます。

（4）　現に水道用地、用悪水路又はため池の用に供されている土地

　相続土地国庫帰属法7条の規定に基づき関係機関から提供を受けた水道用地、用悪水路又はため池に関する資料、添付書面の写真（申請土地の形状を明らかにする写真）（規3五）及び登記記録上の地目により、申請土地が現に水道用地、用悪水路又はため池の用に供されている土地に該当するかを確認されます。

　水道用地、用悪水路又はため池に関する資料としては、関係機関への依頼書に対する回答（通達別記第6号様式別紙⑭）が該当します。申請者において却下事由に該当しないか事前に調査をする場合には、固定資産評価証明書やため池台帳等により「水道用地、用悪水路又はため池」か否かを確認することができます。

　また、法務局で不動産の登記事項証明書を取得することで、地目を確認することが可能です。

3　実地調査（通達第10節第3⑦）

（1）　現に通路の用に供されている土地

　実地調査においては、申請土地が現に通路や道路の用に供されている土地に該当するかの確認がなされます。また、森林に存在する林道や登山道については、現に通路の用に供されているかの確認がなされ

ます。なお、必要に応じて、隣接地所有者や近隣住民に申請土地が現
に通路や道路の用に供されているかの確認がなされます。

（2）　墓地内の土地

実地調査においては、特段の調査を要しません。

（3）　境内地

実地調査においては、申請土地が宗教法人法3条2号から7号まで
に規定される土地であるかの確認がなされます。なお、必要に応じて、
隣接地所有者や近隣住民に申請土地が境内地に該当するかの確認がな
されます。

（4）　現に水道用地、用悪水路又はため池の用に供されている土地

実地調査においては、申請土地が現に水道用地、用悪水路又はため
池の用に供されている土地に該当するかの確認がなされます。

なお、必要に応じて、土地所有者や近隣住民に申請土地が現に水道
用地、用悪水路又はため池の用に供されているかの確認がなされます。

5　特定有害物質により汚染されている土地（法2条3項4号）

［16］　土壌汚染された土地が国庫帰属の承認をされない趣旨は

　　土壌汚染された土地が国庫帰属の承認をされない趣旨は何ですか。

　　土壌汚染された土地は、通常の管理又は処分をするに当たり過分の費用又は労力を要するからです。

解　説

1　相続土地国庫帰属法の考え方

　相続土地国庫帰属法は、承認申請がされても国庫帰属を認められない土地の類型を定めた上で（法2③各号・5①各号）、この類型に当たらない土地に関しては、「その土地の所有権の国庫への帰属についての承認をしなければならない」と定めています（法5①柱書）。

　国庫帰属が認められない土地の類型には、相続土地国庫帰属法2条3項各号の却下事由に該当する類型と（法4①二参照）、相続土地国庫帰属法5条1項各号の不承認事由に該当する類型があります。

　却下事由と不承認事由は、いずれも通常の管理又は処分をするに当たり過分の費用又は労力を有する土地を類型化した点で共通しています。

却下と不承認との差がどこにあるかというと、相続土地国庫帰属法2条3項各号の却下事由は、「その事由があれば直ちに通常の管理又は処分をするに当たり過分の費用又は労力を要するものと扱われる土地の類型を定め」たものです（村松秀樹＝大谷太編『Q&A　令和3年改正民法・改正不登法・相続土地国庫帰属法』356頁（金融財政事情研究会、2022））。これに対し、相続土地国庫帰属法5条1項各号の不承認事由は、「土地の種別や現況、隣地の状況等を踏まえ、実質的に見て通常の管理又は処分をするに当たり過分の費用又は労力を要する土地に当たると判断すべき事由を定め」たものです（村松＝大谷・前掲359頁）。すなわち、却下事由は、その事由があれば即アウトの類型であり、不承認事由は、実質的にみてアウトと判断すべき事由を定めた類型です。

2　土壌汚染された土地は申請の却下事由であること

　土壌汚染対策法は、①汚染状態が基準値以上で、②健康被害が生ずるおそれに関する基準（特定有害物質の摂取経路がある場合）の両方に該当する場合に、都道府県知事がその土地の区域を「当該汚染による人の健康に係る被害を防止するため当該汚染の除去、当該汚染の拡散の防止その他の措置」（汚染の除去等の措置）を講ずることが必要な区域（要措置区域）として指定し（土壌汚染6①）、所有者に対して、汚染の除去等の措置（実施措置）やその措置を講ずべき期限等を記載した汚染除去等計画を作成して都道府県知事に提出することを指示する旨を定めています（土壌汚染7①）。また、要措置区域に指定された土地は、形質の変更が禁止されると定めています（土壌汚染9）。

　このように、土壌汚染された土地は、形質の変更が禁じられ、さらには都道府県知事から土地の所有者に対して汚染除去等計画の作成が指示されます。それゆえ、「その土壌が特定有害物質によって汚染されている土地は、その管理又は処分に制約が生じ、汚染の除去のため

に多大な費用がかかる上に、場合によっては周囲に害悪を発生させる
おそれがあるため、これを国庫に帰属させると、通常の管理又は処分
をするに当たり過分の費用又は労力を要することが明らかである」と
考えられます（村松＝大谷・前掲358頁）。

　そこで、相続土地国庫帰属法は、申請土地が土壌汚染対策法2条1
項に規定する特定有害物質によって法務省令で定める基準値を超えて
汚染されている場合を、「その事由があれば直ちに通常の管理又は処
分をするに当たり過分の費用又は労力を要するものと扱われる土地の
類型」に当たるものとして、申請の却下事由としました（法2③四）。

　したがって、承認申請者が承認申請時に土壌汚染の存在を知ってい
るのであれば、申請をしても却下されてしまう可能性が極めて高いと
考えられます。承認申請者としては、汚染の除去が可能か、その費用
がどの程度かかるのかといった点を検討する必要が生じます（[19] 参
照）。

　これに対し、承認申請者が承認申請時に土壌汚染の存在を知らなか
ったとしても、申請を受けた法務局職員は、「承認申請地の過去の用途
の履歴について、承認申請者の認識や地方公共団体が保有している情
報等を調査する」ことが想定され、「過去の用途の履歴の調査等におい
て土壌汚染や地下有体物の存在の可能性が認められれば、土壌汚染調
査やボーリング調査等の本格的な調査結果を承認申請者に提出させ、
その有無を確認する必要が生ずるものと考えられる」（村松＝大谷・前掲
365頁）と解説されています。

　具体的には、法務局職員は、関係機関に対して資料提供依頼を行う
等の調査をし（法7、通達第10節第3⑧）、申請土地が汚染されている土
地に該当する可能性があると疑われる場合には、承認申請者に対し、
「特定有害物質により汚染されていないことを証する資料（上申書）
の提出を求める」こととされています（通達第10節第3⑧）。さらに、「上

申書の内容を踏まえても汚染されている土地に該当する可能性が払拭できない場合には、承認申請者に対し、土壌汚染対策法に基づく指定調査機関等による調査報告書の提出を求めるものとされています（通達第10節第３⑧）。承認申請者がこの管轄法務局長からの指示（土壌汚染の状況調査）に応じないときは、正当な理由なく相続土地国庫帰属法６条の規定による調査に応じないものとして、承認申請が却下されます（法４①三、森下宏輝ほか「相続等により取得した土地所有権の国庫への帰属に関する法律施行規則の解説」NBL1237号12頁）。

　そこで、承認申請者としては、後になってから、思いもよらずに調査結果の提出を求められたりしないように、あらかじめ土地の履歴を検討しておく方がよいと考えられます（[18] 参照）。

[17]　特定有害物質及び相続土地国庫帰属法上の汚染の基準値とは

　特定有害物質とはどのような物質を指しますか。また、特定有害物質による汚染の基準値はどこを参照すれば分かりますか。

　特定有害物質とは、鉛、砒素、トリクロロエチレン等の土壌に含まれることに起因して人の健康に係る被害を生ずるおそれがあるものとして政令で定められる物質です。具体的には、土壌汚染対策法施行令1条に定められる26物質を指します。

　相続土地国庫帰属法上の特定有害物質による汚染の基準値は、相続土地国庫帰属法施行規則14条に定められており、内容は、土壌汚染対策法施行規則31条1項及び2項の基準とされています。

解　説

1　特定有害物質とはどのような物質か

（1）　特定有害物質について

　相続土地国庫帰属法は、申請の対象となった土地が土壌汚染されている場合には、国庫帰属の承認申請を却下することとしています（法2③四・4①二）。具体的には、土壌汚染対策法2条1項に規定する「特定有害物質」により、相続土地国庫帰属法施行規則14条で定める「基準値」を超えて汚染されている土地は、承認申請をしても却下されます。

　土壌汚染対策法2条1項は、「この法律において『特定有害物質』とは、鉛、砒素、トリクロロエチレンその他の物質（放射性物質を除く。）であって、それが土壌に含まれることに起因して人の健康に係る被害を生ずるおそれがあるものとして政令で定めるものをいう。」としています。

　土壌汚染対策法2条1項が鉛、砒素、トリクロロエチレンを例示したのは、「環境省が法制定当時までに把握している土壌汚染事例のうちで件数が多いものを例示しているもの」です（環境省水・大気環境局土壌環境課編『逐条解説　土壌汚染対策法』33頁（新日本法規出版、2019））。そして、本条の委任を受けた政令は、具体的な物質として、カドミウム及びその化合物、六価クロム化合物、クロロエチレン等の26の物質を定めています（土壌汚染令1）。

　したがって、特定有害物質とは、土壌汚染対策法施行令1条に定められる26の物質を指します（なお、かつては、自然由来又は水面埋立て土砂由来の汚染は土壌汚染対策法の対象外として運用されていたようですが、現在はこれらも規制対象の汚染に含まれます（環境省水・大気環境局土壌環境課・前掲27頁）。）。

　かかる26の特定有害物質は、①いずれも地下水に溶出し、これを摂取することで健康被害が生じるおそれがあります。②また、カドミウム等の重金属は汚染土壌を直接摂取することでも健康被害が生じるおそれがあります（環境省　水・大気環境局　水環境課土壌環境室「土壌汚染対策法に基づく調査及び措置に関するガイドライン　改訂第3.1版」9頁参照）。

　これらの特定有害物質により基準値を超える汚染がされている土地は、承認申請をしても却下されます（[16]参照）。

（2）　除外されるもの

　土壌汚染対策法は、特定有害物質から放射性物質を除くこととしています（土壌汚染2①かっこ書）。この趣旨は、東北地方太平洋沖地震に

伴う原子力発電所の事故により当該原子力発電所から放出された放射性物質については、放射性物質汚染対処特措法（平成23年３月11日に発生した東北地方太平洋沖地震に伴う原子力発電所の事故により放出された放射性物質による環境の汚染への対処に関する特別措置法）で手当てされていることから対象外としたものです（前掲ガイドライン33頁）。したがって、上記事故による放射性物質については、特定有害物質には該当しないことになると思われます。

　また、パブリック・コメントに対する回答として、農用地土壌汚染防止法（農用地の土壌の汚染の防止等に関する法律）上の農用地土壌汚染対策地域内の農地は、国による通常の管理又は処分をするに当たり過分の費用又は労力を要する土地ではないということから、特に不承認事由とする必要はないとの回答がされています（相続土地国庫帰属法施行令のパブリック・コメント39番に対する回答）。

２　特定有害物質の汚染基準値

（１）　法務省令は環境省令と同じ内容

　前述した特定有害物質により「法務省令で定める基準」（法２③四括弧書）を超えて汚染されている土地については、承認申請をしても却下されます。

　この「法務省令で定める基準」については、土壌汚染対策法施行規則（環境省令）31条１項及び２項と同じ内容とされました（規14）。立法担当者による解説において、「この『法務省令で定める基準』については、土壌汚染対策法における環境省令で定める基準（特定有害物質に係る土壌溶出量基準及び土壌含有量基準）と同様のものにすることが想定されている」とされていましたが（村松秀樹＝大谷太編『Q&A　令和３年改正民法・改正不登法・相続土地国庫帰属法』358頁（金融財政事情研究会、2022））、そのとおりに法務省令が定められたものです。

（2）　環境省令31条1項及び2項について

　前述のとおり、①特定有害物質に指定されている26の物質は、いずれも地下水に溶出し、これを摂取することで健康被害が生じるおそれがある物質です。②また、カドミウム等の重金属は汚染土壌を直接摂取することでも健康被害が生じるおそれがある物質です。

　そこで、法務省令が参照する環境省令31条は、その1項で「土壌に水を加えた場合に溶出する特定有害物質の量に関するもの」（土壌溶出量基準）を定めており、具体的な基準値は環境省令の別表第4にまとめられています。また、その2項で「土壌に含まれる特定有害物質の量に関するもの」（土壌含有量基準）を定めており、その具体的な基準値は環境省令の別表第5にまとめられています。

　要するに、具体的な数値については、環境省令の別表第4と第5を参照せよということになります。

[18]　土壌汚染の有無の調査とは

　　申請土地に特定有害物質による土壌汚染があるか否かについては、どのような調査がされるのでしょうか。

　　承認申請地の過去の用途の履歴に関する情報を書面調査し、さらに実地調査で土地の変色、異臭等がないか確認されます。特定有害物質の存在する可能性が払拭されない場合、土壌汚染の本格的な調査が必要になります。

解　説

1　調査の要否

　土壌汚染は局地的に発生するため、汚染の可能性が低い土地を含めた全ての土地について調査をすることは合理的ではありません。そこで、土壌汚染対策法においては、「土壌汚染の可能性の高い土地について、調査を行う必要性が大きい一定の契機をとらえて土壌汚染の調査を行う」こととされており、例えば、特定有害物質を製造、使用又は処理をする施設の使用が廃止された場合等、調査の必要性が大きい一定の場合に調査の契機を認めています（環境省水・大気環境局土壌環境課編『逐条解説　土壌汚染対策法』40頁（新日本法規出版、2019））。

　かかる土壌汚染は局地的であるという特徴に鑑みれば、全ての申請土地について土壌汚染の本格的な調査をしてからでないと国庫帰属が認められないとすることは、承認申請者のみならず、国にとっても負担が大きいものとなり、制度の実効性が大きく損なわれます。

　そこで、立法担当者は、国庫帰属の申請がされた場合に関し、「具体

的な実務運用は今後検討されることになるが」としつつ、「基本的には、
土壌汚染や地下有体物の有無の審査においては、まずは承認申請地の
過去の用途の履歴について、承認申請者の認識や地方公共団体が保有
している情報等を調査することにより、その存在の蓋然性の有無を確
認することが想定されている」とした上で、「個別の事案にもよるが、
承認申請地の過去の用途の履歴の調査等において特に疑わしい事情が
認められなければ、それ以上の詳細な調査をすることなく、特定有害
物質により汚染されている土地や除去しなければ土地の通常の管理又
は処分をすることができない有体物が地下に存する土地に該当しない
ものと判断して承認をすることが可能であると考えられる」と解説し
ています（村松秀樹＝大谷太編『Q&A　令和3年改正民法・改正不登法・相続土
地国庫帰属法』365頁（金融財政事情研究会、2022））。

　このように、基本的には承認申請者の認識において過去の用途や履
歴を調査し、できる限りの情報を提供することが第一であり、そこで
判明した土地の用途の履歴上、特に疑わしい事情がなければ、承認申
請者としてそれ以上の調査は不要であると考えられます。例えば、過
去を遡ってみても単なる宅地であるとか、単なる畑である場合には、
承認申請者は、それ以上の調査は不要であると思われます。

　他方、承認申請者が土壌汚染を疑わせるような用途や履歴を知らな
かったとしても、法務局職員は、①書面調査として、関係機関に対し
て資料提供依頼を行う等の調査をしますので（法7、通達第10節第3⑧）、
これにより申請土地が汚染されている土地に該当する可能性があると
疑われる場合には、承認申請者に対し、「特定有害物質により汚染され
ていないことを証する資料（上申書）の提出を求める」こととされて
います（通達第10節第3⑧）。さらに、「上申書の内容を踏まえても汚染
されている土地に該当する可能性が払拭できない場合には、承認申請
者に対し、土壌汚染対策法に基づく指定調査機関等による調査報告書

の提出を求める」ものとされています（通達第10節第3⑧）。

　例えば、関係機関からの情報によって、過去に申請土地上には特定有害物質を製造、使用又は処理をする施設が存在したという履歴があれば、承認申請者は、上記の上申書の提出を求められ、上申書によっても汚染された土地に該当する可能性が払拭できない場合には、国から土壌汚染の調査結果の提出を求められます。

　さらに、②実地調査として、法務局職員は「申請土地に明らかな異常（土地の変色、異臭等）が存在するかについて確認する」ものとされていますから、実地調査で異常が確認された場合、承認申請者は事情聴取と資料提出が求められます（通達第10節第3⑧）。

2　承認の取消し、損害賠償責任

　相続土地国庫帰属法は、承認申請者が「偽りその他不正の手段により」国庫帰属の承認を受けたことが判明したときは、承認を取り消すことができると定めています（法13①）。

　また、相続土地国庫帰属法は、承認申請をした土地について、当該承認の時において同法2条3項各号（却下事由）又は同法5条1項各号（不承認事由）のいずれかに該当する事由があったことによって国に損害が生じた場合において、当該承認を受けた者が「当該事由を知りながら告げずに」承認を受けた者であるときは、その者は、国に対して損害賠償義務を負うことを定めています（法14）。

　したがって、土地に基準値を超える特定有害物質が存在することを知りながら告げずに、それが存在しないと偽って承認申請を受けた場合、承認が取り消され、さらに、国に損害が生じたときは、承認申請者は国に対して損害賠償義務を負いますので、そのようなことがないようにしましょう。

[19]　土壌汚染対策法による汚染の除去等の措置をすれば国庫帰属が認められるか

　　土地が基準値を超える特定有害物質により汚染されていた場合でも、土壌汚染対策法による汚染の除去等の措置を行えば、国庫帰属が認められるでしょうか。

　　場合によると思われます。特定有害物質の除去がされた場合には国庫帰属が認められる方向にいき、特定有害物質は土地に残しつつも摂取経路を遮断する方法（封じ込め）がされた場合には国庫帰属が認められない方向になるとの議論がされています。

解　説

1　土壌汚染対策法の措置は原則として封じ込め

　土壌汚染対策法は、①汚染状態が基準値以上で、②健康被害が生ずるおそれに関する基準（特定有害物質の摂取経路がある場合）の両方に該当する場合に、都道府県知事は、その土地の区域を要措置区域に設定し、所有者に対して汚染の除去等の措置（実施措置）を講ずるよう指示します（土壌汚染6・7）。

　所有者が指示される汚染の除去等の措置は、原位置封じ込め、遮水工封じ込めなどによって特定有害物質を封じ込め、②の人への摂取経路を遮断することを原則としており、土壌汚染の除去、とりわけ、掘削除去は、汚染の拡散のリスクを防止する観点から、できる限り抑制的に取り扱うこととされ、土壌汚染の除去が指示措置とされるのは乳

幼児が利用する砂場等における直接摂取リスクに対する措置の場合の
みであるとされています（環境省　水・大気環境局　水環境課土壌環境室「土
壌汚染対策法に基づく調査及び措置に関するガイドライン　改訂第3.1版」67・
68・422頁）。

　このように、土壌汚染対策法は、汚染による人の健康に係る被害の
防止の観点から（土壌汚染1）、原則として特定有害物質の封じ込めに
よる摂取経路の遮断をすることとしています。

　この考え方は、①の汚染状態が基準値以上でも、②人への摂取経路
がない場合には、都道府県知事は、当該土地の区域を、その土地が特
定有害物質によって汚染されており、当該土地の形質の変更をしよう
とするときの届出をしなければならない区域（形質変更時要届出区域）
として指定しますが（土壌汚染11）、直ちに汚染の除去等の措置をする
必要はないとしていることからもうかがえます。

2　土壌汚染対策法と相続土地国庫帰属法の考え方の差

　土壌汚染対策法の封じ込め措置がされたといっても、その土地に特
定有害物質が存在しているのですから、国庫帰属を承認していいかど
うかはまた別の問題になります。

　相続土地国庫帰属法は、通常の管理又は処分をするに当たり過分の
費用又は労力を有する土地を類型化しているので、特定有害物質の封
じ込めがされたとしても、通常の管理又は処分をするに当たり過分の
費用又は労力を有する場合には、国庫帰属は認めるべきではないとい
うことになります。

　封じ込め措置がされた土地であっても、「そのような土地の所有権
を国に移転させた後で、自然災害等により、その土壌が他の土地に流
出するなどすれば、国がその責任を追及されるおそれがある。そこで、
その土壌の政令で定める有害物質による汚染状態が当該有害物質の種

類ごとに政令で定める基準に適合しないと認める土地については、当該土壌の汚染の除去が行われ、同基準に適合する状態とならない限り、国への所有権移転は認めるべきではないと考えられる」との考え方が示されています（部会資料48の10頁）。

　このように、土壌汚染対策法と相続土地国庫帰属法は視点が異なっていますので、土地の土壌から特定有害物質の除去がされたなら国庫帰属が認められる方向に行きますが、封じ込めがされた場合には国庫帰属が認められない方向になるとの議論がされています。

　相続土地国庫帰属法の文言上も、基準値を超えていれば却下事由となることのみ記載されており（法2③四・4①二）、土壌汚染対策法による対策をすればよいとは記載されていないことも、上記の議論と整合します。

　したがって、承認申請時に土壌汚染の存在が判明しているのであれば、封じ込めがされていたとしても申請が却下される可能性が高いといえます。承認申請者としては、特定有害物質の掘削除去が可能か、その費用がどの程度かかるのかといった点を検討し、承認申請をするか否かを検討する必要が生じます。

6　境界が明らかでない土地その他の所有権の存否、帰属又は範囲について争いがある土地（法2条3項5号）

[20]　境界が明らかでない土地その他の所有権の存否、帰属又は範囲に争いがある土地が国庫帰属の承認をされない趣旨は

Q　「境界が明らかでない土地その他の所有権の存否、帰属又は範囲に争いがある土地」にいう「境界」とは何を意味し、どのような争いがある土地を指しますか。また、上記の土地が国庫帰属の承認をされない趣旨は何ですか。

A　「境界」とは所有権界を意味し、所有権の範囲等に争いがある土地を指します。

　　　上記の土地は、通常の管理又は処分をするに当たり過分の費用又は労力を要するからです。

解　説

1　相続土地国庫帰属法の考え方

　相続土地国庫帰属法は、承認申請がされても国庫帰属を認められない土地の類型を定めた上で（法2③各号・5①各号）、この類型に当たらない土地に関しては、「その土地の所有権の国庫への帰属についての承認をしなければならない」と定めています（法5①柱書）。

　国庫帰属が認められない土地の類型には、相続土地国庫帰属法2条3項各号の却下事由に該当する類型と（法4①二参照）、同法5条1項各

号の不承認事由に該当する類型があります。

　却下事由と不承認事由は、いずれも通常の管理又は処分をするに当たり過分の費用又は労力を有する土地を類型化した点で共通しています。

　却下と不承認との差がどこにあるかというと、相続土地国庫帰属法2条3項各号の却下事由は、「その事由があれば直ちに通常の管理又は処分をするに当たり過分の費用又は労力を要するものと扱われる土地の類型を定め」たものです（村松秀樹＝大谷太編『Q&A　令和3年改正民法・改正不登法・相続土地国庫帰属法』356頁（金融財政事情研究会、2022））。これに対し、相続土地国庫帰属法5条1項各号の不承認事由は、「土地の種別や現況、隣地の状況等を踏まえ、実質的に見て通常の管理又は処分をするに当たり過分の費用又は労力を要する土地に当たると判断すべき事由を定め」たものです（村松＝大谷・前掲359頁）。すなわち、却下事由は、その事由があれば即アウトの類型であり、不承認事由は、実質的にみてアウトと判断すべき事由を定めた類型です。

2　所有権（所有権界）について争いのある土地

　相続土地国庫帰属法は、「境界が明らかでない土地その他の所有権の存否、帰属又は範囲について争いがある土地」を申請の却下事由としています（法2③五・4①二）。

　所有権について争いがある土地を国庫帰属させることができたら、その相手方との紛争を国が引き受けることになります。かかる土地を申請の却下事由とした趣旨は、「隣接する土地の所有者との間で所有権の境界が争われている土地や、承認申請者以外にその土地の所有権を主張する者がいる土地など、土地の所有権の存否、帰属又は範囲について争いがある土地については、これを国庫に帰属させると、土地の管理を行う上で障害が生じ、通常の管理又は処分をするに当たり過

分の費用又は労力を要することが明らかである」という点にあります（村松＝大谷・前掲359頁）。

　そこで、相続土地国庫帰属法は、承認申請の対象とされた土地が「境界が明らかでない土地その他の所有権の存否、帰属又は範囲について争いがある土地」である場合、「その事由があれば直ちに通常の管理又は処分をするに当たり過分の費用又は労力を要するものと扱われる土地の類型」に当たるものとして、申請の却下事由としています（法2③五）。

　条文を見ると、「その他の」という法令用語が使われています。「その他の」という法令用語は、前の事柄が後ろの事柄の例示である場合に使われます。「Aその他のB」という場合、Bの方がより広い一般的な事柄を表し、AはBの中の一例を示しています（例えば、「賃金、就業時間、休息その他の勤労条件」という場合、勤労条件の例として賃金、就業時間、休息が例示されています（日本国憲法27②）。）。

　かかる法令用語としての「その他の」の用法からすると、「境界が明らかでない土地その他の所有権の存否、帰属又は範囲について争いがある土地」とは、「所有権の存否、帰属又は範囲について争いがある土地」の方が一般的な事柄で、その一例として「境界が明らかでない土地」が示されています。

　境界という言葉は様々な意味で使われることがありますが、相続土地国庫帰属法2条3項5号においては、所有権について争いのある土地の典型的な一例として「境界が明らかでない土地」を指していますから、「境界が明らかでない土地」とは「典型的には隣接する土地の所有者との間で現地における所有権の境界の位置について認識が相違している場合が想定される」と解されます（村松＝大谷・前掲359頁）。すなわち、相続土地国庫帰属法は、所有権について争いがある土地の一例として「境界が明らかでない土地」を示しているのですから、「境界が

明らかでない土地」の「境界」とは、所有権の境界（所有権界）のことを指しています（村松＝大谷・前掲359頁、通達第4節第1・4）。

　逆に言えば、「境界が明らかでない土地」にいう「境界」とは、公法上の境界（筆界）のことではありません（なお、所有権界と筆界の詳細については、江口滋ほか『実務必携　境界確定の手引』11頁（新日本法規出版、2019）参照）。

　したがって、例えば、申請土地の所有者が認識している所有権界と、隣接土地の所有者が主張している所有権界が相違する場合には、申請をしても却下されることになります。所有権界に争いがある場合には、隣接土地の所有者が申請土地の一部を時効取得したと主張している場合も該当します。

　これに対し、筆界と所有権界が異なっていることだけを理由に承認申請を却下することはできません。すなわち、申請に当たり、「承認申請に係る土地の位置及び範囲を明らかにする図面」（規3四）（具体的には登記所備付地図や国土地理院が公開している地理院地図などに承認申請者が認識している土地の位置及び範囲を示したもの）を添付する必要がありますが、「この図面で表示された土地の範囲が『筆界』と相違することをもって承認申請を却下することはできない」とされます（通達第4節第1・4）。

　なお、隣地所有者が所在不明であっても、上記のような紛争性がないのであれば、本制度の利用は可能です（相続土地国庫帰属法施行規則のパブリック・コメント40番参照）。

[21]　所有権に争いのある土地の調査方法は

Q　①　所有権の存否又は帰属について争いがある土地に該当するか否かをどのように調査しますか。
②　境界（所有権界）に争いがある土地、つまり所有権の範囲に争いがある土地に該当するか否かをどのように調査しますか。

A　①　不法占拠者の有無について実地調査により調査されます。
②　隣接土地の所有者に対して法務局から問合せがされ、申請書類に記載された境界に異議があるか否かを調査します。

解　説

1　所有権の存否又は帰属について争いのある土地

　相続土地国庫帰属法は、境界が明らかでない土地その他の所有権の存否、帰属又は範囲について争いがある土地を申請の却下事由としています（法2③五・4①二）。その趣旨については［20］を参照してください。

　このうち、所有権の存否又は帰属に争いがある土地の典型例は、申請土地の所有権が承認申請者ではなく自らにあると主張し、その土地を占拠する者がいる場合（承認申請者からすれば不法占拠者がいる場合）です。

　法務局は、所有権の存否又は帰属について争いがあるかを否かについて調査するに当たり、まずは書面調査により承認申請者の登記記録

を確認して承認申請者が所有権の登記名義人になっているか等を確認
し（通達第10節第3⑨）、その上で実地調査を行って「所有者以外の者が
申請土地を不法に占拠している状況が存在しないか、所有権の帰属に
ついて争いがある状況が存在しないかを確認する」ものとされていま
す（通達第10節第3⑨）。

　したがって、不法占拠者がいる場合、土地の明渡しを受けてから承
認申請をすることになるというのが建前ですが、国庫帰属の申請をす
るような不要な土地ならば、承認申請者からその人に譲渡をすること
でも解決するように思われます。

2　境界（所有権の範囲）に争いがある土地

　境界（所有権界）に争いがある土地（[20]参照）、つまり所有権の
範囲に争いがある土地の典型例は、「申請土地の所有権の範囲はAの
ラインまでである」「いや、Bのラインまでである」というように、承
認申請者が認識する所有権界と、隣接土地の所有者の認識する所有権
界が一致しない場合です。

　法務局は、所有権の範囲に争いがあるか否かを調査するに当たり、
書面調査により、まずは申請土地に係る法務局等の保有する資料と申
請書の添付書面（規3四〜六）の内容に齟齬がないかを確認します（通達
第10節第3⑨）（[22]参照）。その上で、法務局は、隣接土地の所有者（表
題部所有者又は所有権の登記名義人）に対して、申請書に添付された
上記相続土地国庫帰属法施行規則3条4号ないし6号の書類の写しを

送付し、境界の認識に相違があるか否かを通知書により問い合わせます（規13①、通達第10節第3⑨・別記第9号様式）。この通知書は、申請土地と境界点で接している全ての土地の所有者に対して送付されますが、登記簿上の住所に宛てて発すれば足りるものとされています（規13②）。

　かかる問合せの通知書に対する回答書の書式には、「確認依頼があった上記の土地との境界について異議はない」又は「以下の理由により異議がある」という欄があります（通達別記第9号様式）。①隣接土地所有者が「異議はない」と回答すれば、争いがないことが確認されます。

　問題は、②隣接土地所有者からの回答がない場合にどうなるかですが、回答がない場合、法務局は、再度通知書を送付することとされています。この「再度の通知に対して正当な理由なく回答がなかった場合には、異議がないものとして取り扱い、実地調査を行うこととして差し支えない」とされています（通達第10節第3⑨）。

　しかし、③隣接土地所有者が理由を付した上で「異議がある」と回答すれば、境界の争いが存在することになるため、承認申請は却下されることになります。そこで、異議があるとの回答がされた場合、法務局は、承認申請者に対し、隣接土地所有者との調整や申請の取下げの検討を促すものとされています（通達第10節第3⑨）。

　問題は、④隣接土地所有者が「異議がある」と回答しただけで具体的な理由を明らかにしない場合にどうなるかですが、通達では、法務局が「具体的な理由を明らかにするよう再通知することとし、それでもなお理由を示さない場合には、承認申請者と当該隣接土地所有者との間に境界の認識に相違はないものと判断する」とされています（通達第10節第3⑨）。

　なお、⑤そもそも隣接土地所有者に対して通知書が届かなかった場合には、実地調査をするしかないので、以下の実地調査に移ります（通達第10節第3⑨）。

　上記の書面調査を行った後、法務局は、実地調査を行います。その際には、申請書の添付書面（規３四～六）を参考に、現地で境界点の存在と位置を確認するものとされています（通達第10節第３⑨）。

　実地調査では、①の場合には改めて境界の認識を確認する必要はないとされていますが、②④⑤の場合には、法務局は、隣接土地の状況を確認し、所有者又は占有者がいて聴取可能な場合には、境界に関する認識を聴取することとされています（必要に応じて近隣地所有者や近隣住民にも事情徴収をするとされています。）（通達第10節第３⑨）。

　このようにして境界（所有権界）に争いがある土地であることが判明した場合、承認申請は却下されてしまうのですが、国庫帰属の承認申請をするような不要な土地であれば、承認申請者から隣接土地所有者にその土地を譲渡してしまうとか、境界を調整することも容易であると思われます。

[22]　土地の境界点はどのように示せばよいか

　　承認申請書では、土地の境界点を示すために添付する図面や写真が求められていますが、具体的にどのようなものを示せばよいでしょうか。

　　承認申請者は、自らが認識する所有権界による土地の範囲を示せば足りるとされます（通達第4節第1・4）。

解　説

1　相続土地国庫帰属法施行規則3条4号ないし6号の添付書類の趣旨

　承認申請書に添付すべき書類は、相続土地国庫帰属法施行規則3条に定められています。このうち、相続土地国庫帰属法2条3項5号の「境界が明らかでない土地その他の所有権の存否、帰属又は範囲について争いがある土地」の審査に関するものとしては、「承認申請に係る土地の位置及び範囲を明らかにする図面」（規3四）、「承認申請に係る土地の形状を明らかにする写真」（規3五）、「承認申請に係る土地と当該土地に隣接する土地との境界点を明らかにする写真」（規3六）があります。

　相続土地国庫帰属法は、所有権の範囲等をめぐり紛争がある土地を申請の却下事由として定めており、申請土地の所有者（承認申請者）が認識している所有権界と、隣接土地の所有者が主張している所有権界が相違する場合には、国庫帰属の承認申請をしても却下されることになります（[20]参照）。法務局が上記所有権の範囲をめぐる紛争の

有無を判断するためには、①承認申請者の認識している所有権界がどこであるかを明らかにした上で、②隣接土地の所有者に対して①の所有権界で異議がないかを問い合わせて確認する必要があります（[21]参照）。

そのため、添付書類としては、①の承認申請者の認識している所有権界がどこであるかが分かるような図面、写真を提出する必要があることになります。通達第4節第1・4で「承認申請者の認識を明らかにする書面の添付が必要である」として承認申請者の認識を明らかにすることが求められているのは、かかる趣旨によるものです。

2　「承認申請に係る土地の位置及び範囲を明らかにする図面」

上記の趣旨のとおりですから、「承認申請に係る土地の位置及び範囲を明らかにする図面」（規3四）とは、「登記所備付地図等や、国土地理院が公開している地理院地図などに、承認申請者が認識している土地の位置及び範囲を示したものが必要となる」とされます（通達第4節第1・4）。ここでの土地の範囲とは、所有権界の範囲を指します。

承認申請者において、筆界と所有権界が一致していると認識しているのであれば、登記所備付地図などをそのまま利用できると思われます。

これに対し、承認申請者において、筆界と所有権界が一致していないと認識しているのであれば、上記の地図に承認申請者が認識する所有権界を書き込んで示すことになります。

承認申請者が書き込んだ土地の範囲（所有権界）と、公法上の筆界が相違することをもって承認申請を却下することはできません。また、承認申請者は、「自己の認識する『所有権界』による土地の範囲を示せば足り、隣接土地との境界について復元測量等を実施することまでは要しない」とされます（通達第4節第1・4）。上記の趣旨のとおり、

所有権の範囲に紛争性があるか否かを確認することが趣旨ですから、復元測量等まですることは求められていません。

3　「承認申請に係る土地と当該土地に隣接する土地との境界点を明らかにする写真」

「承認申請に係る土地と当該土地に隣接する土地との境界点を明らかにする写真」（規3六）が添付書類として求められている趣旨は、前述したように、承認申請者の認識している所有権界がどこであるかを分かるようにする点にあります。かかるという趣旨からすると、「承認申請に係る土地と当該土地に隣接する土地との境界点を明らかにする写真」とは、「具体的には、各境界点を示すもの（境界標、ブロック塀又は道路のへり等の地物、簡易な目印等をいい、審査時及び国庫帰属時において確認可能なものであることを要する。）を明確に撮影した写真であって、上記4の図面（注・4号の図面）におけるそれらの位置関係を明らかにしたもの」をいいます（通達第4節第1・6）。

ここでの境界とは、所有権界の境界ですから、承認申請者が認識する所有権の境界を示す目印をそれぞれ撮影することになります。自らが認識する所有権界を示すことができればいいのですから、「境界標があればそれで足りるが、境界標がなくても、所有権界を示す物の写真があれば足りる」ことになりますし（相続土地国庫帰属法施行規則のパブリック・コメント39番）、「地図に準ずる図面しかない土地の場合、当該図面上、境界点の数が明確ではないことがあるが、この場合、承認申請者が認識する所有権界を前提に当該所有権界の境界点の数だけ写真を添付すればよい」ことになります（相続土地国庫帰属法施行規則のパブリック・コメント41番）。

したがって、承認申請者としては、承認申請者の認識する所有権界が分かるように写真を取れば足り、要は「ここが所有権の境界です」

ということを示す物品等を撮影すれば足りることになります。

　このように、承認申請者の認識する所有権界を明らかにすることができれば足りますから、「なお、境界点を示すものについては、承認申請後の管轄法務局における審査時及び国庫帰属時において現地の確認が可能なものである必要があるが、境界標が存在しない場合に、隣地と境界を確定し、測量に基づく恒久性のある境界標を埋設することまでは要しない点に注意する必要がある」とされるとおり、承認申請上はここまでの行為は求められていません（通達第4節第1・6）。

　もっとも、相続により山林を取得し、当該山林の場所すら分からず、相続人が地番以外の何も分からない場合については、「山林を取得した相続人が当該山林の場所を把握していないような場合については、法第2条第3項第5号の『境界が明らかでない土地』に該当するものとして、承認申請ができない可能性があります」とされています（相続土地国庫帰属法施行令のパブリック・コメント29番参照）。このようなケースは、所有権の範囲をめぐって隣地所有者との紛争はなさそうですが、そもそも国にとってどこの土地が申請された土地なのか分かりません。いくらなんでも全く場所も分からないような場合まで許容をするものではないと考えられます。

4　「承認申請に係る土地の形状を明らかにする写真」

　なお、「承認申請に係る土地の形状を明らかにする写真」（規3五）は、申請土地上に建物や工作物等が無いか確認するために求められている書類ですから、境界との関連性はそれほど高くないものといえます。具体的には、申請土地の全景と近景を撮影した写真で、4号の図面における位置関係が明らかにされたものであれば足ります（通達第4節第1・5）。

第2　不承認事由

1　概　論

[23]　不承認事由の概要は

　　相続土地国庫帰属法5条1項各号に定める「不承認事由」とは何ですか。また、どのようなものがありますか。

　　国庫帰属の申請を受けた土地について、通常の管理又は処分をするに当たり過分の費用又は労力を要するものとして、国土交通大臣が当該申請を不承認とすべき事由をいいます。

　不承認事由には、相続土地国庫帰属法5条1項各号により、5つの類型が定められています。

　解　説

1　不承認事由

　相続土地国庫帰属法は、申請の対象となった土地について、その種別や現況、隣地の状況等を踏まえて、実質的に見て通常の管理等をするに当たって過分の費用や労力を要すると考えられる類型を定め、これらの類型に該当しないと認められるときに、国庫帰属の承認をしなければならないとされます。これらの類型に該当する場合には、国庫帰属申請があったとしても承認をすることができません（法5①各号）（以下「不承認事由」といいます。）。このような類型に該当する土地

を国庫帰属させ、過分なコストを国が負担するのは相当ではないという理由に基づくものです。

　相続土地国庫帰属法は、このほか却下事由（法2③各号）を定めていますが、却下事由の場合、申請書面上当該事由が認められるときには直ちに申請それ自体が却下されるものであるのに対し、不承認事由は、申請に基づく当該土地の実質的状況等の個別具体的事情を踏まえて承認できないか否かを判断するものである点が異なっています。ただし、却下事由の中には、承認申請書面のみでは却下事由該当性を直ちに判断することができず、判断のため実地調査を経るものも含まれています。それゆえ、上記の観点から却下事由と不承認事由とを明確に区別できるというわけではありません。

2　不承認事由の概要

　相続土地国庫帰属法は、不承認事由として5つの類型を定めています。

（1）　崖がある土地であって、その管理に当たり過分の費用又は労
　　　力を要するもの

　傾斜のある土地について、その傾斜及び高さが一定程度に達している場合、崩落防止のための擁壁設置や危険防止の措置をとるなど、管理コストが多大になることが想定されます。そのような場合は帰属申請があったとしても不承認となることがあります（法5①一）。詳細は、[24]［25］を参照してください。

（2）　土地の通常の管理又は処分を阻害する工作物、車両又は樹木
　　　その他の有体物が地上に存する土地

　工作物、車両又は樹木等が地上に存在している土地は、管理又は処分のため費用や労力を要するところですが、場合によりこのことが当該土地の通常の管理や処分の障害となることがあります。例えば、土

地上に廃材等が多数置かれたままであると、撤去することが容易ではなく、土地の通常の管理や処分の障害となりかねません。

　これら工作物等の存在が通常の管理又は処分を阻害するような場合は、帰属申請があったとしても不承認となることがあります（法5①二）。詳細は、［26］［27］を参照してください。

（3）　除去しなければ土地の通常の管理又は処分をすることができない有体物が地下に存する土地

地下に有体物が存し、これを除去しなければ通常の管理又は処分をすることができない土地についても、除去のために多大なコストを要すると考えられます。もっとも、土壌汚染された土地（［16］参照）のように、当該土地について通常の管理や処分をするに当たり過分の費用と労力を要することが類型的に見て明らかである事由とは異なり、地下に有体物が存するとしても、その有体物が当該土地地中のごく狭い範囲を占めるにとどまり、その場所、内容などから見て除去をせずとも通常の管理や処分に影響を及ぼさない場合も考えられ、その点の実質考慮次第では、国庫帰属を認めても差し支えない場合があり得ます。それゆえ、不承認事由とされています（法5①三）。詳細は、［28］［29］を参照してください。

（4）　隣接する土地の所有者その他の者との争訟によらなければ通常の管理又は処分をすることができない土地

隣地所有者その他の者との争訟によらなければ通常の管理又は処分をすることができない土地は、管理又は処分に当たり障害を生ずるおそれが強く、不承認事由とされています（法5①四）。例えば、隣地所有者が申請を検討している土地の通行を妨害しており、妨害の排除について、当事者間での任意交渉による解決が困難であって裁判上の手続を利用せざるを得ない場合が考えられます。詳細は［30］〜［32］を参照してください。

（5）　（1）から（4）まで以外の土地のほか、通常の管理又は処分を
　　　するに当たり過分の費用又は労力を要する土地

　（1）から（4）までの各類型に該当しない場合であっても、通常の管
理又は処分をするに当たり過分の費用又は労力を要する場合があるた
め、不承認事由とされています（法5①五）。この不承認事由について
は、その内容が政令等に委ねられています。具体的には、以下がありま
す。

①　災害の危険により、土地や土地周辺の人、財産に被害を生じさせ
　るおそれを防止するための措置が必要な土地（令4③一）

②　土地に生息する動物により、土地や土地周辺の人、農産物、樹木
　に被害を生じさせる土地（令4③二）

③　国による整備（造林、間伐、保育）が必要な森林（山林）（令4③
　三）

④　国庫に帰属した後、国が管理に要する費用以外の金銭債務を法令
　の規定に基づき負担する土地（令4③四）

⑤　国庫に帰属したことに伴い、法令の規定に基づき申請者の金銭債
　務を国が承継する土地（令4③五）

　これらの詳細は、［33］〜［38］を参照してください。

2　崖がある土地のうち、その通常の管理に当たり過分の費用又は労力を要するもの（法5条1項1号）

[24]　「崖がある土地」が不承認事由となる趣旨及びその該当性とは

　　　　どのような場合が相続土地国庫帰属法5条1項1号（崖がある土地）として不承認となるのでしょうか。

A　　　相続土地国庫帰属法5条1項1号により不承認事由となる「崖がある土地」であるかどうかについては、土地の勾配や高さその他の事項に関し政令で基準が定められています。具体的には、勾配が30度以上であり、かつ、その高さが5メートル以上である場合とされます。この基準に該当する場合であって、かつ、「通常の管理に当たり過分の費用又は労力を要する」場合が不承認事由に該当します。

> 解　説

1　「崖がある土地」が不承認事由となる趣旨

　「崖」とは、地表面が水平面に対し相当の角度をなす土地をいうところ、一定程度の勾配及び高さのある崖が存在する場合は、一般に、崩落防止等のための管理に過分の費用や労力を要すると考えられます。

　そこで、相続土地国庫帰属法は、崖のある土地であって、通常の管理に当たり過分の費用又は労力を要する場合は、これについて国庫帰属を申請したとしても、不承認とするものとしています（法5①一）。

2　不承認事由となる「崖のある土地」とは

（1）　傾斜と高さの基準

　上記のとおり、相続土地国庫帰属法が不承認事由として「崖のある土地」を挙げているのは、崩落防止等のため通常の管理に当たり過分の費用又は労力を要するためであるところから、勾配や高さのある土地であることをもって直ちに不承認事由とはしていません。すなわち同法5条1項1号は、不承認となる崖について、かっこ書において、「勾配,高さその他の事項を政令で定める基準に該当するものに限る」としています。

　具体的には、相続土地国庫帰属法施行令4条1項により、勾配が30度以上であり、かつ、その高さが5メートル以上である場合が政令で定める基準に該当することとなります。

　ここにいう「勾配」とは、傾斜がある部分の上端と下端とを含む面の水平面に対する角度をいい、「高さ」とは、傾斜がある部分の上端と下端との垂直距離をいうとされます（令4①）。

　これらの傾斜角度や高さの基準は、傾斜に関する急傾斜地の崩落による災害の防止に関する法律（昭和44年法律第57号）2条、3条及び第2章が傾斜度30度を基準としていることや、土砂災害警戒区域等における土砂災害防止対策の推進に対する法律（平成12年法律第57号）7条及び同法施行令（平成13年政令第84号）2条1号イが傾斜度30度以上かつ高さ5メートル以上である場合を特に整備すべき急傾斜地としており、これらと同様の基準を採用したものとされています（森下宏輝ほか「相続等により取得した土地所有権の国庫への帰属に関する法律施行令の解説」NBL1232号6頁）。

（2）　基準の適用単位

　勾配がある土地の傾斜度が傾斜面全部で一律となるとは限りません。連続した斜面の途中で傾斜度が変化することも多くあると考えら

れます。そのような場合の上記基準の該当性を考える場合には、社会
通念に照らして1個の崖といえるかどうかを認定し、その上で、上記
基準の該当性を判断することとされています。したがって、30度以上
の勾配がある部分の間に30度に満たない傾斜面が含まれている場合で
あっても、当該30度に満たない部分がわずかである場合には、社会通
念上一体のものとして評価し、高さを検討すべきこととなりますし、
30度に満たない勾配が相当の距離にわたり継続しているような場合
は、30度以上の勾配がある部分ごとに基準の該当性を判断することに
なります（森下ほか・前掲7頁）。判断基準が社会通念とされている関係
上、具体的判断が悩ましいケースが生じ得るところですが、例えば、
傾斜面を形式上複数と見る余地があるとしても、いずれかの傾斜面に
生じた崩落がその余の傾斜部分にも同様の危険を生じさせる蓋然性が
あるかといった観点で検討することが考えられます。

3　「通常の管理に当たり過分の費用又は労力を要する」とは

　上記2の基準により相続土地国庫帰属法5条1項1号に該当する
「崖」があったとしても、そのことから直ちに不承認事由となるとは
限りません。すなわち、「崖」がある土地であっても、「通常の管理に
当たり過分の費用又は労力を要する」ものでなければ、国庫帰属が不
承認とされない場合があります。例えば、山中であるとか、「崖」が広
大な土地の中心にあり、かつ、周囲に家屋等がない場合など、仮に崩
落を生じたとしても隣接地に影響を及ぼさない場合には、擁壁の設置
や、常時監視の措置を講じることが必須とはいえず、見込まれる管理
コストが過分になるとは必ずしもいえません。そのような場合には、
国庫帰属が承認される余地があります。

　この点の該当性判断は、「崖」がある土地に所在する人の生命等に被

害を及ぼし又は隣接土地に土砂が流れ込むことにより財産的な被害を生じさせる可能性があり擁壁工事等実施の必要があることが客観的に認められるかどうかによるものとされます（通達第10節第3⑩(1)）。

　なお、「崖」がある土地の場合は、「処分に当たり過分の費用や労力を要する」ものであるかどうかは考慮の対象外とされています。崖のある土地は処分が困難であることが通常であり、処分に当たっての費用や労力を問題としてしまうと、崖のある土地の国庫帰属が事実上不可能となりかねないためです（村松秀樹＝大谷太編『Q&A　令和3年改正民法・改正不登法・相続土地国庫帰属法』360頁（金融財政事情研究会、2022））。

[25]　「崖がある土地」かどうかの調査とは

　　相続土地国庫帰属法５条１項１号に定める「崖がある土地」に該当するかどうかはどのように調査するのでしょうか。

　　申請書面の審査と実地審査（現地測量や関係機関への意見照会）により調査が行われます。

解　説

1　調査方法等に関する通達

　[24]記載のとおり、相続土地国庫帰属法５条１項１号及び同法施行令４条１項は、勾配が30度以上であり、かつ、高さが５メートル以上の「崖」がある土地であってその管理に当たり過分の費用又は労力を要する場合を不承認事由としていますが、ここにいう「崖」であるかどうかの判断は、以下の調査により行うこととされています（通達第10節第3⑩）。

2　書面調査

　承認申請書添付書面の写真により、申請土地における崖の有無を確認するものとされています。「崖がある土地」であることが問題となり得る土地の場合には、当該土地の遠景写真や近景写真を添付するに当たり、傾斜の状況（角度等）が確認できるよう、角度や高さ、距離などを目視できる措置を講じて撮影することが考えられます。また、仮に、相続土地国庫帰属法５条１項１号にいう「崖」に該当するよう

なケースであっても、通常の管理に当たり過分の費用を必要としない
事由、例えば十分な擁壁が設置されていることなどがある場合は、そ
の点についての写真も併せて添付することが考えられます。

3　実地調査

　申請土地が傾斜地である場合は、社会通念に照らして「1個の崖」
を認定するものとされます。この点、申請土地が崖の一部である場合、
申請土地以外の土地を含めて「1個の崖」と認定することとされます。

　そして、当該1個の崖が政令で定める基準に該当するか否かについ
ては、レーザー距離計等の機器を用いて、傾斜がある部分の上端及び
下端を特定し、角度及び垂直距離を測定して判断することとなります。

　また、通常の管理に当たり過分の費用又は労力を要する崖であるか
どうかについては、原則として関係機関に意見照会を実施することと
し、関係機関の意見を踏まえて判断することとされています（相続土
地国庫帰属法7条に基づく事実の調査）。ただし、管轄法務局におい
て容易に判断できる場合は、意見照会は不要とされます。

4　事前相談・申請に当たって

　傾斜が含まれる土地について国庫帰属を希望する場合、相続土地国
庫帰属法5条1項1号による不承認事由に留意する必要があります。
この点、当該土地にいわゆるがけ条例による規制があるかどうかは、
参考情報になり得ると考えられます。ただし、自治体が定める条例に
よるため、その内容は様々ですし、条例の規制があるからといって、
直ちに国庫帰属が不承認となるわけでもありません。

　傾斜が含まれる土地の国庫帰属申請に当たっては、まず、当該傾斜
が相続土地国庫帰属法5条1項1号及び同法施行令4条1項にいう
「崖」に当たるかどうかが問題となり、さらに、「崖」に当たるとして

も、通常の管理に過大な費用又は労力を要するかどうかという点が要検討課題となってきます。この点、「崖」であるかどうかに関しては、傾斜角と高低差について施行令で数値が示されてはいるものの、途中で傾斜角が異なる場合のように「１個の崖」であるかどうかが問題になるようなケースについては社会通念判断が加わるため、その点の検討と事前相談が必要となるでしょう。当該崖のある土地を国庫帰属させたとしても、同法施行令が傾斜30度、高低差５メートルとしている趣旨を損なうものではないことがどれだけ説明できるかが重要になると思われます。また、通常の管理に過大な費用又は労力を要するか否かに関しても、例えば、既に擁壁が施されているといったような場合には、当該擁壁の設置時期、現状及び劣化の程度、確認申請を受けたものであるかどうかや検査済証があるかどうかを確認し、これらの資料を添えることも考える必要があります。申請に係る土地が置かれた状況によっては、擁壁等の措置を講じる必要まではないようなケースも考えられ、そのような事情があるのであれば、その点を示す資料の準備も重要となるものと考えられます。

3　土地の通常の管理又は処分を阻害する工作物、車両又は樹木その他の有体物が地上に存する土地（法５条１項２号）

[26]　「工作物、車両又は樹木その他の有体物が地上に存する土地」が不承認事由とされる趣旨及びその調査方法は

Q　相続土地国庫帰属法５条１項２号に定める「土地の通常の管理又は処分を阻害する工作物、車両又は樹木その他の有体物が地上に存する土地」であることが不承認事由となるのはなぜですか。また、どのように調査しますか。

A　当該土地の性質、形状に照らし、当該土地上の工作物等の有体物が土地の通常の管理又は処分を阻害している場合に、不承認事由に該当するものとされています。該当性判断の調査は、申請書面及び実地調査により行われます。

>　解　説

1　土地の通常の管理又は処分を阻害する有体物が存する土地

　土地上に有体物が存する場合、当該土地の利用との関係で有用であればよいのですが、国庫帰属を想定するような土地の場合、当該有体物の存在が当該土地の管理や処分を阻害することがあり、そのような場合は円滑な利活用の観点からは望ましくありません。

　そこで、相続土地国庫帰属法は、「土地の通常の管理又は処分を阻害する工作物、車両又は樹木その他の有体物が地上に存する土地」に該

当する場合は、国庫帰属申請の不承認事由に当たるとしています（法5①①二）。この点、土地上に有体物が存在している場合、当該有体物の管理又は処分に費用又は労力を要することが多いと考えられます。その一方で、森林に樹木があるのはむしろ通常のことであり、また、安全性に問題のない土留めや柵等があったとしても、当該土地の性質や形状によっては必ずしも通常の管理や処分を阻害するとまではいえません（村松秀樹＝大谷太編『Q&A　令和3年改正民法・改正不登法・相続土地国庫帰属法』360頁（金融財政事情研究会、2022））。それゆえ、相続土地国庫帰属法は、不承認事由を、当該有体物が土地の通常の管理又は処分を阻害する場合に限っています。なお、却下事由とされている「建物」の存する土地（法2③一）の場合について、同号にいう「建物」に該当しないような廃屋があるようなケースは、却下事由には該当しないものの、同法5条1項2号による不承認事由該当性を検討する必要があります。また、同じく却下事由とされる「墓地」（法2③三、令2二）に該当しない土地上にあるような墓石は、同法5条1項2号該当性を検討することになります。国庫帰属申請を検討中の土地上に有体物が存する場合は、他の却下事由等に該当しなくとも、本不承認事由に留意する必要があります。

2　調査方法

　[23] 記載のとおり、相続土地国庫帰属法5条1項2号は、土地上に工作物、車両、樹木その他の有体物が存在し、これらが通常の管理又は処分を阻害する場合を不承認事由としていますが、これらの判断は、以下の調査により行うこととされています（通達第10節第3⑪）。

（1）　書面調査

　承認申請書添付書面の写真により、申請土地における工作物、車両又は樹木その他の有体物の有無を確認するものとされています。本不

承認事由が問題になる場合、工作物等の具体的内容や、当該土地の状況等で通常の管理又は処分を阻害するかどうかを検討する必要があります。そのため、工作物等の有体物の内容、土地上に置かれている状況等を写真上確認できるよう、撮影内容を工夫することが重要と思われます。

（２）　実地調査

申請土地に存在する有体物の有無を確認して、通常の管理又は処分を阻害するものに該当するかどうかを判断するものとされています。有体物が土地上に存する場合は、土地における有体物の配置場所、撤去移動の要否及びそれに見込まれる費用等が問題になると考えられます。

3　申請・事前相談に当たって

申請土地上に有体物が存する場合、当該有体物が当該土地の形状、性質に照らし、通常の管理又は処分が阻害されるかどうかが審査されることになります。当該土地の利用に当たり全く影響のない箇所に小さな石碑が置かれていた、といった程度では、直ちに通常の管理又は処分を阻害するとまではいえないと思われます。これに対し、車両が放置されているようなケースでは、物理的には移動が可能な場合であっても、相応のコストや代替の管理場所を確保する必要を生ずることとなり、本不承認事由に該当する可能性が高いと考えられます。本不承認事由が問題となるような土地の場合は、可能であれば、当該問題となりそうな有体物を撤去してから申請を行うことを検討する必要があると思われます。

[27]　相続土地国庫帰属法５条１項２号にいう工作物等該当性が問題となる具体例は

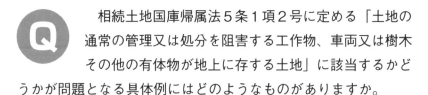

　　　相続土地国庫帰属法５条１項２号に定める「土地の通常の管理又は処分を阻害する工作物、車両又は樹木その他の有体物が地上に存する土地」に該当するかどうかが問題となる具体例にはどのようなものがありますか。

　　　具体例としては、建物に該当しない廃屋、放置自動車や災害等防止のため伐採を要する樹木などが挙げられています。

解　説

1　不承認となる土地上有体物となる具体例

　相続土地国庫帰属法５条１項２号は、その対象を土地上の工作物、車両、樹木その他の有体物として列挙しているところ、その具体例が通達第10節第３⑪に挙げられています。そこで、これらを参照しつつ検討します。なお、[26]記載のとおり、土地上に有体物が存在しているから直ちに不承認事由となるわけではありません。土地の性質や形状に照らし、通常の管理又は処分を阻害するか否かを検討する必要があります。

（1）　工作物

　相続土地国庫帰属法において「工作物」の定義は明らかにはされていません。この点、「土地の工作物」(民717)とは、土地に接着して人工的作業を加えることによって成立した物をいうとされています(加藤一郎『注釈民法（19）』308頁（有斐閣、1965))。擁壁や石垣、電柱などがこ

れに該当します。なお、建物も「土地の工作物」に含まれますが、相続土地国庫帰属法2条3項1号に該当する場合は、申請却下事由となります。朽廃等により建物としての実質を失っているような状況に至っている場合は、本不承認事由の問題となると考えられます。また、道路法上の道路のような場合は、相続土地国庫帰属法2条3項3号及び同法施行令2条1号にいう「現に通路の用に供されている土地」に該当するときは申請却下事由の問題となり、該当しないような場合は、「土地の工作物」という点で本不承認事由に該当する可能性があります。

　この点、通達では、「過去に治山事業等で施工した工作物のうち補修等が必要なもの」や「建物には該当しない廃屋」が具体例として示されています（通達第10節第3⑪【実地調査】（2）エ、オ）。

　（2）　車　　両

　「車両」についても法では特に定義が示されていません。一般には地上を走行する運搬器を指称するとされていますが、法令によりその範囲が異なります（日本法制研究会『新法律学小辞典　第三版』662頁（有斐閣、1999））。この点、道路交通法上は自動車、原動機付自転車、軽車両及びトロリーバスをいいますが（道路交通法2①八）、通常の管理又は使用を阻害する場合を不承認事由として例示した法の趣旨から考えますと、「地上を走行する運搬器全般」がここでいう「車両」に該当すると解されます。

　なお、どのような場合に「車両」が土地の通常の管理又は処分を阻害するものといえるかどうかについても、当該車両の状態等を踏まえつつ、土地の性質や形状に照らし判断することとなると思われます。「車両」が自走できないものであるような場合や、自走できるとしても、引取り先がなく保管場所が他に必要な場合などは、土地の通常の管理又は処分を阻害するものとされやすいでしょう。

　この点、通達では、「放置車両」（通達第10節第3⑪【実地調査】（2）カ）が具体例として挙げられています。放置車両であっても、所有者に無断で移動処分することは自力救済の禁止に抵触するところ、撤去を実現するためには多大なコストと時間が必要となる可能性があるため、土地上に放置自動車が存在する場合は、通常の管理又は処分を阻害するものとして、不承認事由に該当すると考えられます。

（3）　樹　木

　「樹木」についても法では定義が示されていませんが、一般に、「樹木」とは立木・木をいうとされます（新村出『広辞苑　第四版』1241頁（岩波書店、1991）。

　土地上に樹木が存在するとしても、通常の管理又は処分を阻害するものでなければ、不承認事由には該当しません。この点、通達は、「果樹園の樹木」、「民家、公道、線路等の付近に存在し、放置すると倒木のおそれがある枯れた樹木や枝の落下等による災害を防止するために定期的な伐採を行う必要がある樹木」や「放置すると周辺の土地に侵入するおそれや森林の公益的機能の発揮に支障を生じるおそれがあるために定期的な伐採を行う必要がある竹」について、通常の管理又は処分を阻害する例としています（通達第10節第3⑪【実地調査】（2）ア～ウ）。いずれも、伐採等を要するものであり、土地の通常の管理又は処分を阻害するものと考えられます。

（4）　その他の有体物等

　ア　墓　石

　相続土地国庫帰属法2条3項3号、同法施行令2条2号にいう「墓地」の場合は、国庫帰属に当たり承認却下事由とされています（[14]参照）。これには該当しない土地について、土地上に墓石が存する場合が考えられます。このような場合は、本不承認事由に該当するかどうかを検討することになります。この点、墓石そのもののみを考える

場合には、土地の形状等からみて通常の管理又は処分を阻害するとまではいえないようにみえても、墓石設置の時期が古く複数の遺骨が埋葬されており相続人間の権利関係が複雑になっていたり、誰が祭祀承継者であるのか分からなくなったりしているような場合には、通常の管理又は処分を阻害するものと判断される可能性が高いと考えられます。

　　イ　動　産

　土地上に冷蔵庫や、廃材、ゴミ等の動産が残置されているような場合についても、本不承認事由該当性が問題となります。残置されている動産の数量、内容によることになりますが、放置された冷蔵庫は大きさによっては人が閉じ込められるおそれがありますし、廃材やゴミは、撤去処分に費用を要します。産業廃棄物の場合には更に大きな費用を要することとなり、通常の管理又は処分を阻害すると判断される可能性が高いでしょう。基本的には、撤去処分してから帰属承認をするべきです。

4　除去しなければ土地の通常の管理又は処分をすることができない有体物が地下に存する土地（法５条１項３号）

[28]　「除去しなければ土地の通常の管理又は使用をすることができない有体物が地下に存する土地」が不承認事由となる趣旨とその該当性は

Q　どのような場合が相続土地国庫帰属法５条１項３号に定める「除去しなければ土地の通常の管理又は処分をすることができない有体物が地下に存する土地」として不承認となるのでしょうか。

A　当該土地の性質又は形状に照らし、地下の有体物について、土地の通常の管理又は処分をしようとするに当たり除去をしなければならない場合が不承認事由に該当します。具体例としては、産業廃棄物や建築資材、既存建物の基礎部分、水道管が地下に存するケースが考えられます。

解　説

1　除去しなければ土地の通常の管理又は処分をすることができない有体物が地下に存する土地

　相続土地国庫帰属法は、申請の対象となった土地の地下に除去しなければ土地の通常の管理又は処分をすることができない有体物が存する場合を帰属申請の不承認事由としています（法５①三）。

　土地の地下に有体物がある場合、当該土地の管理や処分に制約が生じるおそれがあります。仮に撤去をするとしても、そのためには多額の費用がかかることが想定され、周囲にも影響を及ぼすおそれがある一方、除去せずとも当該土地の性質や形状からすると、土地の通常の管理又は処分に支障がないような場合には、当該地下の有体物を問題にする必要に乏しいといえます。

　そこで、相続土地国庫帰属法5条1項3号は、不承認となる場合について、当該地下有体物を除去しなければ土地の通常の管理又は処分をすることができないものに限定しています。

2　問題となる可能性の高い地下有体物の具体例

　相続土地国庫帰属法5条1項3号により不承認となり得ることを想定すべきものとして、以下が挙げられています（法務省「相続土地国庫帰属制度のご案内（令和5年4月版）」21頁）。

① 　産業廃棄物
② 　屋根瓦などの建築資材（いわゆるガラ）
③ 　地下にある既存建物の基礎部分やコンクリート片
④ 　古い水道管
⑤ 　浄化槽
⑥ 　井　戸
⑦ 　大きな石

3　地下有体物の有無の判断について

　相続土地国庫帰属法5条1項3号の不承認事由については、問題となる有体物が地下にあるため、帰属申請がなされた場合にその有無をどのように判断するかが問題となります。この点については、まずは承認申請地の過去の用途の履歴について、承認申請者の認識や地方公

共団体が保有している情報等を調査することにより、その存在の蓋然性の有無を確認することが想定されており、個別の事案によりますが、かかる調査等において特に疑わしい事情が認められなければ、それ以上の詳細な調査まではせずに帰属承認することが可能と考えられるものとされています（村松秀樹＝大谷太編『Q&A　令和3年改正民法・改正不登法・相続土地国庫帰属法』365頁（金融財政事情研究会、2022））。ただし、後日、不承認事由に該当する地下有体物の存在が判明した場合には、承認取消事由に該当する可能性（法13、村松＝大谷・前掲365・380頁）や、損害賠償義務を負う場合（法14、村松＝大谷・前掲383頁）が考えられます（[55]参照）。

　なお、具体的な調査方法については［29］を参照してください。

[29]　「除去しなければ土地の通常の管理又は処分をすることができない有体物が地下に存する土地」の調査方法は

相続土地国庫帰属法5条1項3号に定める「除去しなければ土地の通常の管理又は処分をすることができない有体物が地下に存する土地」に該当するかどうかはどのように調査するのでしょうか。

Ⓐ　　申請書面の調査（関係機関から提供を受けた資料等による確認や承認申請者の事情聴取を含みます。）と実地調査（現地確認し、場合によっては承認申請者の事情聴取を含みます。）により調査が行われます。

解　説

1　調査方法に関する通達について

　[28] 記載のとおり、相続土地国庫帰属法5条1項3号は、除去しなければ土地の通常の管理又は処分をすることができない有体物が地下に存する土地である場合を不承認事由としていますが、その判断は、以下の調査により行うこととされています（通達第10節第3⑫）。なお、有体物が地下に存する場合が不承認事由である関係上、調査方法についても、土地の現状を写真等でみるだけでは明らかにはできない事由であることを踏まえた内容となっています。

2　書面調査

　帰属申請書添付書面の写真により、申請土地の状況を確認するとともに、関係機関から提供を受けた資料及び必要に応じ収集した地歴調

査に関する資料により確認するものとされています。例えば、登記簿
謄本等の登記情報や古地図、過去の航空写真や住宅地図などを時系列
に従い整理して、地中に有体物が存する蓋然性を検討することになる
と考えられます。ただし、提供を受けた資料から管理を阻害する有体
物が地下に存する可能性がある場合には、承認申請者から事情聴取し、
管理を阻害する有体物が地下に存しないことを証する上申書の提出を
求めるものとされています。その際に、ボーリング調査等の本格的調
査結果の提出が求められる場合もあるようです（村松秀樹＝大谷太編
『Q&A　令和3年改正民法・改正不登法・相続土地国庫帰属法』365頁（金融財政
事情研究会、2022））。

3　実地調査

　申請土地の状況を確認し、不自然に土地を掘り起こした部分がない
かを確認するものとされています。なお、不自然な点がある場合には、
承認申請者から事情を聴取し、有体物が地下に存しないことを証する
上申書の提出を求めることとされています。

4　申請・事前相談に当たって

　本不承認事由のケース、すなわち、申請土地の地下に有体物が存す
る場合であっても、当該土地の片隅に小規模な配管が置かれている程
度では除去しなくとも特に問題はない、とされていますが（法務省「相
続土地国庫帰属制度のご案内（令和5年4月版）」21頁）、土地の地下に有体物
が埋まっているか否かは、過去の当該土地の利用状況等もあいまって
様々であると考えられます。また、申請者本人が申請土地の地下に有
体物が存するかどうかを一定程度知っているケースがある一方で、申
請者本人が事情をほとんど知らないケースもあります。いずれにして
も、過去の土地の使用状況次第では、申請者本人も知らない埋設物が

ある可能性があります。例えば、申請時点で更地になっていたとして
も過去に建物が建っていたことがあるならば、地上の構造物は撤去さ
れていても、地中に配管や浄化槽などがそのまま残置されている可能
性が十分考えられます。できる限り過去の資料を収集し、情報を得る
とともに、可能な範囲での調査を申請前にしておくべきでしょう。ま
た、調査の結果、埋設物の存在が確認されたときは、見込まれる埋設
物の内容等も検討し、コストとの兼ね合いにはなるもののその撤去を
した上で、申請をすることを検討せざるを得ないでしょう。

5　隣接する土地の所有者等との争訟によらなけれ ば通常の管理又は処分をすることができない土地 （法5条1項4号）

[30]　相続土地国庫帰属法5条1項4号の「隣接する土地の 所有者等との争訟によらなければ通常の管理又は処分を することができない土地」が不承認事由とされる趣旨は

　　　「隣接する土地の所有者等との争訟によらなければ 通常の管理又は処分をすることができない土地」は、 どうして国庫帰属が認められないのですか。

　　　このような土地は、所有権に基づく使用又は収益が 可能な状態にするために訴訟提起の負担が生じ、通常 の管理又は処分に当たって過分の費用又は労力を要す ることから、国庫帰属を認めないとされています。

解　説

1　相続土地国庫帰属法の考え方

　国庫帰属の不承認事由となる類型として、相続土地国庫帰属法5条 1項4号は「隣接する土地の所有者その他の者との争訟によらなけれ ば通常の管理又は処分をすることができない土地として政令で定める もの」と定め、その具体的類型が、相続土地国庫帰属法施行令4条2 項に定められています。

　これは、申請対象となる土地の利用が、隣地所有者等によって妨げ られている場合は、その土地の使用収益をするために争訟が必要とな

り、その土地の管理又は処分に当たって過分な費用又は労力を要することとなるため、国庫帰属を認めないとするものです（森下宏輝ほか「相続等により取得した土地所有権の国庫への帰属に関する法律施行令の解説」NBL1232号7頁）。

2　具体的な類型

相続土地国庫帰属法施行令4条2項で定める類型は以下のとおりです。

（1）　民法210条1項に規定する他の土地に囲まれて公道に通じない土地又は同条2項に規定する事情のある土地であって、現に同条の規定による通行が妨げられているもの（令4②一）

本号で定める「民法第210条第1項に規定する他の土地に囲まれて公道に通じない土地」とは、いわゆる袋地のことであり、「同条第2項に規定する事情のある土地」とは、池沼、河川、水路若しくは海を通らなければ公道に至ることができない土地、又は崖があって土地と公道とに著しい高低差がある土地を指します。

これらの土地は、民法210条により隣地の通行権が法律上認められており、現に隣地の通行が可能で公道に出ることができ、十分に土地の利用ができる場合には、不承認事由にはなりません。

しかしながら、例えば、隣地所有者や隣地の賃借人が、土地所有者による隣地の通行を妨害している場合には、土地所有者には、隣地の通行権を確保するため訴訟提起をする負担が生じ、通常の管理又は処分に当たって過分の費用又は労力を要することから、不承認事由とされています。

（2）　（1）以外で、所有権に基づく使用又は収益が現に妨害されている土地（その程度が軽微で土地の通常の管理又は処分を阻害しないと認められるものを除く）（令4②二）

本号で定める、「所有者以外の第三者によって、土地の所有権に基づ

く使用又は収益が現に妨害されている土地」とは、例えば、所有者以外の第三者に不法占有されている土地や、隣接地から排水等が継続的に流水している土地が挙げられます（法務省「相続土地国庫帰属制度に関するQ&A」「8　不承認事由関連」A13）。

　このような土地の所有者には、土地の所有権に基づく使用又は収益が可能な状態にするために訴訟提起をする負担が生じ、通常の管理又は処分に当たって過分の費用又は労力を要することから、不承認事由とされています。

　なお、現に妨害があれば、基本的に土地の通常の管理又は処分を阻害することになりますが、妨害の程度が軽微で、土地の通常の管理又は処分を阻害しないと認められるものは、本号の不承認事由には該当しません。

　この点に関するパブリック・コメントの回答（18番）によると、軽微性の具体的な判断方法や例などについては、引き続き検討するとされており、執筆時点（令和5年8月）では参考となる基準は示されていませんが、例えば、簡易に解消できるような樹木の越境というケースでは、個別事案にもよりますが、妨害の程度が軽微なものに該当し、不承認事由には該当しないと考えられるとの指摘があります（相続土地国庫帰属法施行令のパブリック・コメント19番）。

[31]　相続土地国庫帰属法5条1項4号に定める「隣接する
　　　土地の所有者等との争訟」には、どのようなものがある
　　　か

　　　相続土地国庫帰属法5条1項4号に定める「隣接す
る土地の所有者等との争訟」の具体例を教えてくださ
い。

　　　通行を妨害する隣地所有者等に対する通行権確認訴
訟や妨害排除請求訴訟（相続土地国庫帰属法施行令4
条2項1号の場合）、土地を不法占有する第三者に対
する明渡請求訴訟、排水等を継続的に流水している隣地所有者に
対する差止請求や妨害排除請求訴訟（同2号の場合）などが考え
られます。

> 解　説

1　相続土地国庫帰属法施行令4条2項1号の場合

　申請土地が、いわゆる袋地の場合や、池沼、河川、水路若しくは海
を通らなければ公道に至ることができない土地、又は崖があって土地
と公道とに著しい高低差がある土地に該当しても、隣地の通行権が確
保されており、土地の通常の利用ができる場合には、不承認事由に該
当しません。

　しかしながら、隣地所有者等が隣地の通行を妨害しているために、
土地所有者が隣地を通行することができないという場合、隣地所有者
等との間で話合いによる解決ができなければ、訴訟によって通行権を
確保せざるを得ません。

　具体的には、隣地所有者等に対する通行権確認訴訟や妨害排除請求訴訟によって、隣地の通行を確保する必要がありますが、その場合には、土地の通常の管理又は処分に当たって過分の費用又は労力を要するため、不承認事由となると考えられます。

2　相続土地国庫帰属法施行令4条2項2号の場合

　申請土地の所有者以外の第三者によって、同土地の所有権に基づく使用又は収益が現に妨害されている場合には、それらの第三者との間で話合いによる解決ができなければ、訴訟によって妨害を排除せざるを得ません。

　具体的には、所有者以外の第三者に不法占有されている土地であれば土地明渡請求訴訟、隣接地から排水等が継続的に流水している土地であれば隣接地所有者に対する差止請求や妨害排除請求訴訟によって、妨害を排除する必要がありますが、その場合には、土地の通常の管理又は処分に当たって過分の費用又は労力を要するため、不承認事由となると考えられます。

　なお、相続土地国庫帰属法施行令4条2項2号の土地については、妨害の程度が軽微で土地の通常の管理又は処分を阻害しないと認められるものは、本号の不承認事由には該当しません。例えば、第三者が一時的に立ち入っているにすぎない場合は、妨害の程度が軽微であり、本号の不承認事由には該当しないと考えられます（森下宏輝ほか「相続等により取得した土地所有権の国庫への帰属に関する法律施行令の解説」NBL1232号9頁）。

　この点に関連し、隣地の樹木越境に関するパブリック・コメントの回答が参考になります。

　隣地の樹木が申請土地に越境している場合、従前は、隣地所有者（樹木所有者）が任意に樹木の伐採をしなければ、申請土地の所有者が、

隣地所有者に対して樹木の伐採を求めるための訴訟（妨害排除請求訴訟）を提起し、最終的には代替執行を行って伐採をしなければなりませんでしたが、令和5年4月施行の改正民法233条により、申請土地の所有者は、通知等の一定の手続を経ることで、訴訟提起をすることなく隣地の樹木を伐採することができるようになりました。そのため、パブリック・コメントでは、（改正法施行後の）簡易に解消できるような樹木の越境といったケースについては、個別の事案にもよりますが、妨害の程度が軽微なものに該当し、相続土地国庫帰属法施行令4条2項2号の不承認事由には該当しないとの回答がなされています（相続土地国庫帰属法施行令のパブリック・コメント19番）。

　なお、この場合の伐採費用は、本来は隣地所有者（樹木所有者）が負担するべきものであり、申請土地所有者が伐採費用を回収するためには、別途隣地所有者に対して損害賠償請求訴訟を提起する必要がありますが、この点はパブリック・コメントでは特に触れられていません。損害賠償請求訴訟が係属していても、土地の通常の管理又は処分そのものは可能であり、その意味では本号の不承認事由に当たらないとも考えられますが、他方、伐採費用が高額な場合には、土地の通常の管理に当たって過分の費用又は労力を要するともいえるため、不承認事由に該当するとも考えられます。

　そのため、申請土地について、隣地の樹木が越境している場合には、越境している樹木の量や、伐採にかかる費用によっては、本号の不承認事由に該当する可能性があるため、申請までの間に、隣地所有者との交渉や民法の定める手続を経て、越境している樹木の伐採を済ませておく方が確実といえます。

[32]　相続土地国庫帰属法施行令４条２項各号の該当性は、どのように判断されるか

　相続土地国庫帰属法施行令４条２項各号の不承認事由に該当するかどうかは、どのように判断されますか。

　通達によると、申請土地が本要件に該当するかについては、書面調査及び実地調査によって判断されます。明らかに該当することが分かっている場合には、申請前に不承認事由を消滅させることも検討すべきです。

解　説

1　相続土地国庫帰属法施行令４条２項１号の土地の場合

　書面調査としては、申請土地の形状を明らかにする写真（規３五）及び登記所備付地図等により、申請土地の状況を確認するとされています。

　実地調査としては、申請土地から公道に通じる土地の状況を確認し、通行が妨害されているといった状況の有無について確認するとされています。

　申請者が現地の状況を把握していない場合には、あらかじめ現地を確認して、隣地の通行が可能な状態かどうかを調査し、その結果、隣地の通行権が妨害されていることが判明した場合には、承認申請をするまでの間に、隣地所有者との間の交渉や訴訟を経て、通行権を確保しておく必要があります。

　ただし、通行権を確保するために高額なコスト（裁判費用、和解金等）がかかるということもあり得るので、事前相談を活用して、国庫

帰属が認められる見通しを立てて対応を検討することが安全といえます（コストをかけて通行権を確保したのに、国庫帰属できないという事態を回避するためです。）。

2　相続土地国庫帰属法施行令4条2項2号の土地の場合

　書面調査としては、申請土地の形状を明らかにする写真（規3五）により、申請土地の状況を確認するほか、関係機関から提供を受けた資料（いわゆる別荘地関連や立木を第三者に販売する契約）が存在する場合は、当該資料も確認するとされています。

　実地調査としては、所有者以外の第三者に不法占有されているか等、土地の使用に支障がある状況にないかを確認するものとされています。

　申請者が現地の状況を把握していない場合には、あらかじめ現地を確認して、土地の使用又は収益が現に妨害されていないかを調査し、その結果、土地の使用又は収益に支障が生じていることが判明した場合には、承認申請をするまでの間に、それらの妨害を排除しておく必要があります。

　ただし、相続土地国庫帰属法施行令4条2項1号の土地の場合と同様に、妨害排除のために高額なコストがかかることもあり得るので、事前相談を活用して、対応を検討することが安全です。

　なお、現地を確認した時点では妨害はなかったが、その後の実地調査の段階で妨害が判明して不承認となるという事態を回避するためには、例えば、現地にバリケードを設置して土地への立入りができない措置をとる等が考えられます。しかしながら、国庫帰属させるために、そこまでの手間と費用をかけることが見合うかどうかは、よく比較検討する必要があります。

　申請土地がいわゆる別荘地に該当する場合、別荘地の管理費用をめ

ぐるトラブルがあると、管理費用の支払をめぐって民事訴訟の負担が生じたり、管理費用の不払を理由に管理組合が申請土地の利用を妨害するということがあり得ます（森下宏輝ほか「相続等により取得した土地所有権の国庫への帰属に関する法律施行令の解説」NBL1232号9頁、法務省「相続土地国庫帰属制度に関するQ&A」「8　不承認事由関連」A14）。

　この点、通達によると、関係機関から提供を受けた資料等により、申請土地がいわゆる「別荘地」（特定の管理会社が管理し、管理費用が発生する土地）に該当する可能性がある場合で、申請土地についても管理費用の支払を求め、管理費用を国が支払わないと申請土地の利用が阻害されるおそれが明らかであるときは、所有権に基づく使用又は収益が現に妨害されている土地と判断することとなる、とされています。

　また、申請土地について立木を第三者に販売する契約を締結している場合、その土地に第三者が立木を伐採するために立ち入ることがあります。

　そこで、通達によると、関係機関から提供を受けた資料等により、立木を第三者に販売する契約を締結している土地であって、申請土地について第三者が立木を伐採するために土地に立ち入る可能性がある場合には、所有権に基づく使用又は収益が現に妨害されている土地と判断することとなる、とされています。

　仮にこのような契約をしている場合で、国庫帰属を希望するのであれば、申請前に契約を終了させておく必要があります。

　なお、相続土地国庫帰属法施行令4条2項2号の土地については、妨害の程度が軽微で土地の通常の管理又は処分を阻害しないと認められるものは、本号の不承認事由には該当しません（詳細は [30] [31] を参照してください。）。

6　その他通常の管理又は処分をするに当たり過分の費用又は労力を要する土地（法5条1項5号）

[33]　相続土地国庫帰属法5条1項5号の「通常の管理又は処分をするに当たり過分の費用又は労力を要する土地」にはどのような類型があるか

　相続土地国庫帰属法5条1項5号の「通常の管理又は処分をするに当たり過分の費用又は労力を要する土地」にはどのような類型がありますか。

　相続土地国庫帰属法5条1項1号～4号以外の、「通常の管理又は処分をするに当たり過分の費用又は労力を要する土地」は、相続土地国庫帰属法施行令4条3項に定められています。

カコミ 解　説

1　相続土地国庫帰属法の考え方

　国庫帰属の不承認事由となる類型として、相続土地国庫帰属法5条1項5号は「前各号に掲げる土地のほか、通常の管理又は処分をするに当たり過分の費用又は労力を要する土地として政令で定めるもの」と定め、その具体的類型が、相続土地国庫帰属法施行令4条3項に定められています。

　これは、相続土地国庫帰属法5条1項1号～4号以外にも、通常の管理又は処分をするに当たり過分の費用又は労力を要するため、国庫帰属の承認をしないこととすべき土地があり得ることから、その具体

的な類型を政令で定めたものです（村松秀樹＝大谷太編『Q&A　令和3年改正民法・改正不登法・相続土地国庫帰属法』361頁（金融財政事情研究会、2022））。

2　具体的な類型

　相続土地国庫帰属法施行令4条3項で定める類型は以下のとおりです。

（1）　土地の形状に起因する災害発生型

　「土砂の崩壊、地割れ、陥没、水又は汚液の漏出その他の土地の状況に起因する災害が発生し、又は発生するおそれがある土地であって、その災害により当該土地又はその周辺の土地に存する人の生命若しくは身体又は財産に被害が生じ、又は生ずるおそれがあり、その被害の拡大又は発生を防止するために当該土地の現状に変更を加える措置（軽微なものを除く。）を講ずる必要があるもの」（令4③一）をいいます。

　例えば、土地の崩壊を防ぐために保護工事を行う必要がある場合、大きな陥没があり人の落下を防ぐための埋め立て工事が必要な場合、大量の漏水のために排水ポンプを設置して排水する必要がある場合等が、具体例として示されています（法務省ウェブサイト「相続土地国庫帰属制度において引き取ることができない土地の要件」2E(1)）。

（2）　鳥獣等による被害発生型

　「鳥獣、病害虫その他の動物が生息する土地であって、当該動物により当該土地又はその周辺の土地に存する人の生命若しくは身体、農産物又は樹木に被害が生じ、又は生ずるおそれがあるもの（その程度が軽微で土地の通常の管理又は処分を阻害しないと認められるものを除く。）」（令4③二）をいいます。

　例えば、土地に生息するスズメバチ・ヒグマなどにより周辺の人の生命・身体に被害が生じ又は生ずるおそれがある場合や、土地に生息

する病害虫により周辺の農作物・樹木に被害が生じ又は生ずるおそれがある場合等が、具体例として示されています（法務省ウェブサイト「相続土地国庫帰属制度において引き取ることができない土地の要件」2E(2)）。

（3）　追加的造林等実施型

「主に森林（森林法（昭和26年法律第249号）第2条第1項に規定する森林をいう。次条第1項第3号及び第6条第2項において同じ。）として利用されている土地のうち、その土地が存する市町村の区域に係る市町村森林整備計画（同法第10条の5第1項に規定する市町村森林整備計画をいう。）に定められた同条第二項第三号及び第四号に掲げる事項に適合していないことにより、当該事項に適合させるために追加的に造林、間伐又は保育を実施する必要があると認められるもの」（令4③三）をいいます。

例えば、間伐の実施を確認することができない人工林や、一定の生育段階に到達するまで更新補助作業が生じる可能性がある標準伐期齢に達していない天然林等が、具体例として示されています（法務省ウェブサイト「相続土地国庫帰属制度において引き取ることができない土地の要件」2E(3)）。

（4）　管理費用過大型

「法11条第1項の規定により所有権が国庫に帰属した後に法令の規定に基づく処分により国が通常の管理に要する費用以外の費用に係る金銭債務を負担することが確実と認められる土地」（令4③四）をいいます。

例えば、土地改良事業の施行に係る地域内にある土地の所有者に対して、近い将来、土地改良法36条1項に基づき金銭が賦課されることが確実と判明している土地等が、具体例として示されています（法務省ウェブサイト「相続土地国庫帰属制度において引き取ることができない土地の要件」2E(4)）。

（５）　債務承継型

「法令の規定に基づく処分により承認申請者が所有者として金銭債務を負担する土地であって、法第11条第１項の規定により所有権が国庫に帰属したことに伴い国が法令の規定により当該金銭債務を承継することとなるもの」（令４③五）をいいます。

例えば、土地改良法36条１項の規定により、組合員（土地所有者）に金銭債務が賦課されている土地（例：土地改良区に賦課金を支払っている土地）等が、具体例として示されています（法務省ウェブサイト「相続土地国庫帰属制度において引き取ることができない土地の要件」2E(5)）。

なお、上記の５類型の詳細については、後述の［34］〜［38］を参照してください。

[34]　土地の状況に起因する災害が発生し、又は発生するおそれがある土地として、不承認となるのは、どのような土地か

　相続土地国庫帰属法施行令4条3項1号の「土地の状況に起因する災害が発生し、又は発生するおそれがある土地」であれば、直ちに不承認となりますか。

　①その災害により当該土地又はその周辺の土地に存する人の生命・身体・財産に被害が生じ、又は生ずるおそれがあり、かつ、②その被害の拡大又は発生を防止するために当該土地の現状に変更を加える措置（軽微なものを除きます。）を講ずる必要がある土地であれば、不承認となります。

解　説

1　相続土地国庫帰属法の趣旨

　相続土地国庫帰属法施行令4条3項1号は、土地の状況に起因する災害が発生し又は発生するおそれがある土地で、その災害により当該土地又は周辺土地に存する人の生命・身体・財産に被害が生じ又は生ずるおそれがあるために、被害の拡大等防止のため、土地の現状に変更を加える措置（軽微なものを除きます。）を講ずる必要がある土地を、相続土地国庫帰属法5条1項5号の「通常の管理又は処分をするに当たり過分の費用又は労力を要する土地」の一類型として定めています。

　具体的には、土砂の崩壊の危険のある土地について崩壊を防ぐために保護工事を行う必要がある場合、大きな陥没がある土地について人

の落下を防ぐためにこれを埋め立てる必要がある場合、大量の水が漏出している土地について排水ポンプを設置して水を排出する必要がある場合、などが該当すると考えられます（法務省「相続土地国庫帰属制度に関するQ&A」「8　不承認事由関連」A15参照）。

2　土地の状況に起因する災害が発生し、又は発生するおそれがある土地であること

　相続土地国庫帰属法施行令４条３項１号は、「土砂の崩壊、地割れ、陥没、水又は汚液の漏出その他の土地の状況に起因する災害が発生し、又は発生するおそれがある土地」と定めています。なお、ここで列挙されている災害は、例示列挙と考えられます。

　「災害が発生するおそれ」については、具体的なおそれと認められる程度のものでなければならず、抽象的なおそれにとどまる場合は、それを理由に不承認とすることはできないと考えられます（森下宏輝ほか「相続等により取得した土地所有権の国庫への帰属に関する法律施行令の解説」NBL1232号９頁）。なお、具体的なおそれが生じているかどうかの判断については、地理学、物理学等の科学的観点も踏まえて、ケースバイケースで判断されると思われます。

3　その災害により当該土地又はその周辺の土地に存する人の生命若しくは身体又は財産に被害が生じ、又は生ずるおそれがあること

　「被害が生ずるおそれ」についても、前項と同様に、具体的なおそれと認められる程度のものではならず、抽象的なおそれにとどまる場合は、それを理由に不承認とすることはできないと考えられます（森下ほか・前掲９頁）。具体的なおそれが生じているかどうかの判断も、ケースバイケースで判断されると思われます。

　「その周辺の土地」について、特段定義などはありませんが、土砂崩れなどのように広範囲にわたる被害が発生することも考えられるので、必ずしも当該土地に隣接する土地に限定する必要はないと思われます。

　なお、被害の発生又はそのおそれが生じていることの前提として、その被害又はそのおそれと、災害又はそのおそれとの間に相当因果関係があることが必要となります。

4　その被害の拡大又は発生を防止するために当該土地の現状に変更を加える措置（軽微なものを除く。）を講ずる必要があること

　災害による被害防止のための措置としては、例えば、土砂崩れを防ぐための保護工事の実施、通行人等の落下を防ぐための陥没土地の埋め立て等が考えられます。

　これらの措置を講ずることは、土地の通常の管理の範囲を超えた追加的な管理に当たり、これに要する費用は「過分の費用」に該当するため、これらの措置を講ずる必要のある土地は、不承認事由がある土地とされています（森下ほか・前掲9頁）。

5　判断方法・除外される場合

　通達によると、申請土地が本要件に該当するかについては、原則として関係機関に意見照会を実施するものとし、関係機関の意見を踏まえて、客観的に通常の管理に当たり過分の費用又は労力を要する土地に該当するかを判断するが、法務局等において容易に判断することができる場合は、この限りでないとされています。

　また、関係機関から提供を受けた治山事業に関する資料により、土地の崩落などが現に生ずるおそれが高い場合は、実地調査を省略して

差し支えないとされています。

　他方、これらの措置を要する土地であっても、措置の程度が軽微であり、通常の管理に当たり過分の費用を要しないような場合には、不承認事由がある土地からは除外されています。例えば、土地に陥没があっても、その程度が軽微であり容易に埋め立てができるような場合などには、本要件に該当しない可能性があります。

　なお、相続土地国庫帰属法施行令のパブリック・コメントの回答（22番）によると、軽微性の判断方法や具体例などについては、引き続き検討するとされており、執筆時点（令和5年8月）では参考となる基準は示されていません。しかしながら、同回答では「施行令案第3条第3項1号及び第2号の要件に規定する土地については、基本的に通常の管理又は処分に当たり過分の費用又は労力を要する土地に該当すると考えられます」とされており、軽微な措置で足りるケースはかなり例外的なものと考えているように思われます。

[35]　相続土地国庫帰属法施行令４条３項２号の「動物等が
　　　生息する土地であって、当該動物により当該土地又はそ
　　　の周辺の土地に存する人の生命若しくは身体、農産物又
　　　は樹木に被害が生じ、又は生ずるおそれがあるもの」と
　　　は、どのような土地か

　　　　鳥獣、病害虫その他の動物が生息する土地は、相続
土地国庫帰属法施行令４条３項２号の土地に該当し、
直ちに不承認となりますか。

　　　　動物等が生息していることのみでは、被害が「生ず
るおそれ」があるとは認められず、具体的な危険性が
あるときに不承認となります。

解　説

１　相続土地国庫帰属法の趣旨

　相続土地国庫帰属法施行令４条３項２号は、鳥獣等の動物が生息す
る土地で、その動物により当該土地又は周辺土地に存する人の生命・
身体、農産物・樹木に被害が生じ又は生ずるおそれがある土地（その
程度が軽微で土地の通常の管理又は処分を阻害しないと認められるも
のを除きます。）を、相続土地国庫帰属法５条１項５号の「通常の管理
又は処分をするに当たり過分の費用又は労力を要する土地」の一類型
として定めています。

２　鳥獣、病害虫その他の動物が生息する土地であること

　「鳥獣」とは鳥類又は哺乳類に属する野生動物をいい（鳥獣被害２①、
狩猟２①）、「病害虫」とは、植物や地域環境のほか人や家畜への病気や

害悪をもたらす虫を指すものと考えられますが、条文上はこれらに限
定せず「その他の動物」と広くとらえているため、鳥類、動物、昆虫
は全て含まれるものと考えられます。

3　当該動物により当該土地又はその周辺の土地に存する人の生命若しくは身体、農産物又は樹木に被害が生じ、又は生ずるおそれがあるもの（軽微なものを除く）

　例えば、土地に生息するスズメバチ・ヒグマなどにより、当該土地
又はその周辺の土地に存する者の生命若しくは身体に被害が生じ、又
は生ずるおそれがある場合や、土地に生息する病害虫により、当該土
地又はその周辺の土地の農作物又は樹木に被害が生じ、又は生ずるお
それがある場合が該当すると考えられます。

　しかしながら、鳥獣、病害虫その他の動物が生息する土地は相当数
存在すると考えられるため、特に森林などは、その大半が不承認にな
るのではないかとの疑問があります。

　この点に関し、法務省は、「被害が生ずるおそれ」とは、具体的な危
険性があることをいい、抽象的な危険性があるにすぎないものは含ま
れないとされており、動物が生息していることのみをもって、被害が
「生ずるおそれ」があるとは認められないとしています（相続土地国庫
帰属法施行令のパブリック・コメント24番）。なお、法務省ウェブサイトの
Q&Aによると、本条項の該当する具体例として、土地の通常の管理の
ためにこれらの動物や病害虫を駆除する必要がある土地が挙げられて
います（法務省「相続土地国庫帰属制度に関するQ&A」「8　不承認事由関連」
A16）。

4　判断方法・除外される場合

　通達によると、申請土地が本要件に該当するかについては、書面調

査として、現況写真に加えて、関係機関から提供された資料（高度公益機能森林又は被害拡大防止森林に指定されている土地若しくは森林病害虫等防除法7条の10の規定に基づき地区実施計画の対象となっている土地）が存在する場合は、当該資料も確認するとされています。

　また、原則として、事実の調査のため、管理予定庁と共に申請土地の状況に実地調査がなされた上で、判断がなされます。

　なお、本要件は、当該動物により当該土地又はその周辺の土地に存する人の生命若しくは身体、農産物又は樹木に被害が生じ、又は生ずるおそれがあることについて、具体的な被害情報や具体的に被害が発生する客観的な情報がある場合に限って該当するものとされています。

　主に農用地として利用されている土地であればその周辺の地域における農用地の営農条件に著しい支障が現に生じているかどうか、主に森林として利用されている土地であれば森林病害虫等の発生により駆除やまん延防止のため措置を現に必要としているかどうかという点から、要件該当性が検討されることになります（法務省「相続土地国庫帰属制度に関するQ&A」「8　不承認事由関連」A17参照）。

　動物類は生息しているものの危険性が低い場合や、危険な動物類が生息しているがその数が極めて少ないなどの理由により、被害の程度や被害が生ずるおそれの程度が軽微であり、通常の管理の範囲内で対応が可能な場合には、不承認事由がある土地とする必要がないため、被害の程度や被害が生じるおそれの程度が軽微なものについては、不承認事由がある土地から排除されます（通達第10節第3⑮、森下宏輝ほか「相続等により取得した土地所有権の国庫への帰属に関する法律施行令の解説」NBL1232号10頁）。

　生息する動物の危険性が低い、又は危険であっても生息する数が極めて少ないなどの理由により、被害の程度や被害が生ずるおそれの程

度が軽微であり、追加の費用を負担してまで駆除する必要が生じない
ような場合には、不承認とはされないと考えられます（法務省「相続土
地国庫帰属制度に関するQ&A」「8　不承認事由関連」A18参照）。

　また、例えば、イノシシやクマなどが生息している土地については、
具体的に人などに被害が生ずる可能性が高い場合は引き取ることがで
きず、抽象的な可能性にとどまる場合には、引き取ることができます
（法務省「相続土地国庫帰属制度に関するQ&A」「8　不承認事由関連」A18参
照）。クマの目撃情報はあるが、1頭程度であり、これまでに被害情報
もないという場合なども、本要件に該当しない可能性がありますので、
事前に、地元の猟友会等から情報を得ておくといったことも有益と思
われます。

　なお、相続土地国庫帰属法施行令のパブリック・コメントの回答（22
番）によると、軽微性の判断方法や具体例などについては、引き続き
検討するとされており、執筆時点（令和5年8月）では参考となる基
準は示されていません。しかしながら、同回答では「施行令案第3条
第3項1号及び第2号の要件に規定する土地については、基本的に通
常の管理又は処分に当たり過分の費用又は労力を要する土地に該当す
ると考えられます」とされており、軽微な措置で足りるケースはかな
り例外的なものと考えているように思われます。

[36]　相続土地国庫帰属法施行令4条3項3号の「追加的に造林、間伐又は保育を実施する必要があると認められる土地」とはどのような土地か

　　　先代の頃から全く管理がなされていない森林を相続しましたが、私には森林経営をする意思も能力もありません。このような土地は、相続土地国庫帰属法施行令4条3項3号の土地に該当するのでしょうか。また、どのように森林を管理したらいいでしょうか。

　　　該当する可能性があるので、まずは相続土地国庫帰属法による国庫帰属を検討し、不承認となった場合には森林経営管理法に基づき市町村への管理の委託ができないかを検討すべきでしょう。

解　説

1　相続土地国庫帰属法の趣旨

　相続土地国庫帰属法施行令4条3項3号は、主に森林として利用されている土地のうち、市町村森林整備計画に定められた一定の事項に適合していないことにより、これに適合させるために追加的に造林、間伐又は保育を実施する必要があると認められる土地を、相続土地国庫帰属法5条1項5号の「通常の管理又は処分をするに当たり過分の費用又は労力を要する土地」の一類型として定めています。

2　森林として利用されている土地であること

　相続土地国庫帰属法施行令4条3項3号の「森林」とは、森林法2条1項に定める森林と同義とされています。

　具体的には、以下のもののうち、主として農地又は住宅地若しくはこれに準ずる土地として使用される土地及びこれらの上にある立木竹を除くものを指します（森林2①）。

①　木竹が集団して生育している土地及びその土地の上にある立木竹
②　上記①の外、木竹の集団的な生育に供される土地

3　市町村森林整備計画に定めた事項に適合していないこと

　相続土地国庫帰属法施行令4条3項3号の「市町村森林整備計画」とは、森林法10条の5第1項に定める市町村森林整備計画と同義とされています。

　市町村は、その区域内にある地域森林計画の対象となっている民有林につき、5年ごとに、原則として、当該民有林の属する森林計画区に係る地域森林計画の計画期間の始期をその計画期間の始期とし、10年を一期とする市町村森林整備計画を立てなければならないとされており（森林10の5①）、同計画においては、以下の事項を定めるものとされています（森林10の5②）。

①　造林樹種、造林の標準的な方法その他造林に関する事項（3号）
②　間伐を実施すべき標準的な林齢、間伐及び保育の標準的な方法その他間伐及び保育の基準（4号）

　森林所有者その他権原に基づき森林の立木竹の使用又は収益をする者（以下「森林所有者等」といいます。）は、市町村森林整備計画に従って森林の施業及び保護を実施することを旨としなければならず（森林10の2）、森林所有者等がこれを遵守していないと認める場合において、同計画の達成上必要があるときは、市町村の長は、森林所有者等に対し、遵守すべき事項を示して、これに従って施業すべき旨を勧告することができます（森林10の10）。

　そのため、対象となる森林が、市町村森林整備計画に定める「標準的な方法」に従った造林、間伐、保育が実施されていない場合には、

新たに所有者となる国が、これらを追加的に実施しなければなりませんが、この実施をすれば通常の管理の範囲を超えた過分な費用と労力を要することが明らかなことから、不承認事由とされています。なお、現に「標準的な方法」に従った造林、間伐、保育が実施されていないという場合のほか、将来的にこれらを実施する必要があることが明らかな場合も含まれると考えられます（森下宏輝ほか「相続等により取得した土地所有権の国庫への帰属に関する法律施行令の解説」NBL1232号10頁）。

　市町村森林整備計画に適合させるため、追加的に造林、間伐又は保育を実施する必要があると認められる森林の例としては、以下のような森林が挙げられます（通達第10節第3⑯）。

①　間伐の実施を確認することができない人工林
②　一定の生育段階に到達するまで更新補助作業が生じる可能性がある標準伐期齢に達していない天然林

4　判断方法

　通達第10節第3⑯によると、申請土地が本要件に該当するかについては、書面調査として、現況写真に加えて、関係機関から提供を受けた森林計画や森林簿により確認するものとするとされており、人工林については、適切な間伐等が実施されているかどうかを、天然林については、標準伐期齢に達しているかどうかを確認するとのことです（法務省「相続土地国庫制度に関するQ&A」「8　不承認事由関連」A19参照）。

　天然林が標準伐期齢に達しているかどうかという点について、これらの資料によっても林齢が不明な場合には、承認申請者に対して林齢を確認するとされています。それゆえ、林齢が不明の場合は、前所有者や近隣からヒアリングをしておく等の準備も必要と思われます。

　また、原則として、事実の調査のため、管理予定庁と共に申請土地の状況に実地調査がなされた上で、判断がなされます。

5　森林経営管理法に基づく森林管理

　例えば、森林を相続した相続人が、森林経営とは無縁であり、今後森林を経営する可能性がない上、管理をする能力もないということがあります。しかしながら、もともと管理が適切にされていなかったような森林の場合、相続土地国庫帰属法に基づき承認申請をしても、不承認となる可能性が高いと思われます。

　このように、森林所有者による経営管理が行われていない森林については、森林経営管理法（平成30年法律第35号）に基づく森林経営管理制度の利用が考えられます。

　森林経営管理制度とは、管理の行き届いていない森林について、市町村が森林所有者から経営管理の委託（経営管理権の設定）を受け、林業経営に適した森林は地域の林業経営者に再委託するとともに、林業経営に適さない森林は市町村が公的に管理（市町村森林経営管理事業）をする制度です（林野庁ウェブサイト　https://www.rinya.maff.go.jp/j/keikaku/keieikanri/sinrinkeieikanriseido.html（2023.9.7））。

　この制度を利用することができれば、相続人は、森林の所有権は放棄できないものの、森林経営を市町村に委託することにより、適切に森林管理を行ってもらうことが期待できます（相続土地国庫帰属制度の利用ができないことが見込まれる農地・森林の対応については、[54]を参照してください。）。

　なお、相続土地国庫帰属法に基づく承認申請をする時点で、既に経営管理権が設定されている場合には、事前に経営管理権を解除しておかなければ、承認申請をすることはできない点に注意してください（法務省「相続土地国庫制度に関するQ&A」「7　却下事由関連」A11参照）。

[37]　相続土地国庫帰属法施行令4条3項4号の「法令の規定に基づく処分により、国が金銭債務を負担することが確実と認められるもの」とは、どのような土地か

相続した土地について、近い将来、土地改良法に基づく賦課金が発生する見込みです。賦課金が少額でも、相続土地国庫帰属法施行令4条3項4号の土地に該当しますか。

金額の多寡にかかわらず、該当します。

解　説

1　相続土地国庫帰属法の趣旨

　相続土地国庫帰属施行令4条3項4号は、相続土地国庫帰属法11条1項により土地の所有権が国庫に帰属した後に、法令の規定に基づく処分により、国が通常の管理に要する費用以外の費用に係る金銭債務を負担することが確実と認められる土地を、同法5条1項5号の「通常の管理又は処分をするに当たり過分の費用又は労力を要する土地」の一類型として定めています。

2　法令の規定に基づく処分により負担する金銭債務

　相続土地国庫帰属法施行令4条3項4号の「法令」には、法律のほか、各自治体の条例も含まれます（森下宏輝ほか「相続等により取得した土地所有権の国庫への帰属に関する法律施行令の解説」NBL1232号10頁）。

　例えば、近い将来、土地改良法36条1項の規定に基づき、賦課徴収される金銭債務（土地改良事業で整備される水利施設等の建設費用、

当該事業で整備された水利施設等の利用や維持管理に係る経常的経費
等）が発生する場合が挙げられます（既に賦課金が現に発生している
場合は、国庫帰属後の債務承継の問題として、相続土地国庫帰属法施
行令４条３項５号に該当します。）。

　なお、相続土地国庫帰属法施行令４条３項４号が想定している金銭
債務は、法令の規定に基づく処分により国が負担することになるもの
なので、例えば、私人間で定めた別荘地の管理費の支払債務などは含
まれないと考えられます（相続土地国庫帰属法施行令のパブリック・コメン
ト36番）。

3　判断方法・適用除外

　通達第10節第３⑰によると、申請土地が本要件に該当するかについ
ては、書面調査として、関係機関から提供を受けた資料（条例等に基
づき、金銭の支払債務が発生することが確実な土地）が存在する場合
は、当該資料を確認し、実地調査においては、特段の確認は要しない
ものとされています。

　相続土地国庫帰属法施行令４条３項４号に基づき承認申請が不承認
とされるためには、承認審査の時点で、国庫帰属後に国に金銭債務を
負担させることが確実と認められることが必要であり、抽象的な可能
性があるだけでは不承認事由としては足りないとされています（森下
ほか・前掲10頁）。

　なお、本号には「軽微なものを除く」といった適用除外規定は設け
られていません。これは、国が、法令の規定により承継した金銭債務
を更に負担することは、それがわずかなものであっても、通常の管理
に要する費用を上回る負担となり、過分な費用を要することとなると
考えられるためです（相続土地国庫帰属法施行令のパブリック・コメント34
番）。

　それゆえ、賦課金が僅少の場合であって、金額の多寡にかかわらず該当しますので、注意が必要です。

　例えば、土地改良区の場合（なお、土地改良区とは、土地改良法の規定に基づき都道府県知事の認可により設立される公法人であり、農業用排水施設、農業用道路等の保全・必要な施設の新設・管理・廃止・変更、区画整理、農用地の造成、埋立て・干拓、災害復旧等の土地改良事業を行います（土地改良２②・５〜10等）。）、その定款の定めるところにより、その事業に要する経費等にあてるため、その地域内にある土地につき、その組合員に対して金銭等を賦課徴収することができるとされています（土地改良36①）。よって、対象となる土地にかかる土地改良区の事務局に問い合わせることで、賦課金の有無や金額を調査することが可能と思われます。

　ただし、土地改良区の賦課金のうち、経常的に発生する賦課金や維持管理費は、受益農地である限り負担が続くため、多くの場合は、相続土地国庫帰属法施行令４条３項４号の不承認事由に該当する可能性が高いと思われます。よって、あらかじめ、土地改良区の事業が終了する見込み時期等も調査しておくことで、土地所有者に相続が発生した段階で賦課金が発生しているかどうかの予測が立てやすくなるといえます。

[38]　相続土地国庫帰属法施行令４条３項５号の「土地の所
有権が国庫に帰属したことに伴い国が法令の規定により
当該金銭債務を承継することとなるもの」とは、どのよ
うな土地か

相続した土地について、既に下水道事業受益者負担
金が発生している場合、相続土地国庫帰属法施行令４
条３項５号の土地に該当しますか。

承認申請までに完済している場合は、相続土地国庫
帰属法施行令４条３項５号の不承認事由には該当しま
せん。

解　説

1　相続土地国庫帰属法の趣旨

　相続土地国庫帰属法施行令４条３項５号は、法令の規定に基づく処
分により承認申請者が所有者として金銭債務を負担する土地であっ
て、相続土地国庫帰属法11条１項により土地の所有権が国庫に帰属し
たことに伴い国が法令の規定により当該金銭債務を承継することとな
る土地を、同法５条１項５号の「通常の管理又は処分をするに当たり
過分の費用又は労力を要する土地」の一類型として定めています。

2　法令の規定に基づく処分により所有者が負担する金銭債務

　相続土地国庫帰属法施行令４条３項５号の「法令」には、同項４号
の「法令」と同様に、法律のほか、各自治体の条例も含まれます（森下
宏輝ほか「相続等により取得した土地所有権の国庫への帰属に関する法律施行令

の解説」NBL1232号11頁)。基本的に、既に弁済期が到来している金銭債務は現在の所有者（承認申請者）にて支払うべきものであり、これを国が承継すること自体が「過分の費用」と考えられます。

　例えば、既に発生している下水道事業受益者負担金の支払途中で相続が発生した場合、この支払債務を国が承継する場合には「過分の費用を要する」ことになるため、相続土地国庫帰属法施行令４条３項５号に該当すると考えられます。

　なお、理論的には、国庫帰属後も引き続き相続人において支払義務を負担する場合には、相続土地国庫帰属法施行令４条３項５号には該当しないものと考えられますが、土地所有者の変更の際には、通常は「受益者異動届」（名称は市町村によって異なります。）を市町村に提出することとされており、同届出がなされると届出以降の下水道事業受益者負担金の支払義務者が新所有者に変更されますので、現実的には、承認申請の前に、相続人において下水道事業受益者負担金の残額（延滞中及び弁済期が未到来のもの）を一括納付してしまい、同負担金債務を消滅させておくべきです。

　なお、私人間で定めた別荘地の管理費の支払債務などは含まれません。

3　判断方法・適用除外

　通達第10節第３⑱によると、申請土地が本要件に該当するかについては、書面調査として、関係機関から提供を受けた資料（条例等に基づき、金銭の支払債務が発生しており、所有権の移転によって当該債務を承継する土地であることが分かる資料）が存在する場合は、当該資料を確認し、当該資料を確認し、実地調査においては、特段の確認は要しないものとされています。

　当該資料により、金銭債務が承継される土地と認められる場合であ

り、かつ、承認申請者が当該金銭債務を消滅させる意思がないときには、相続土地国庫帰属法施行令4条3項5号に基づき承認申請は不承認となりますが、承認申請者が承認審査までにその履行をしていた場合は、本号には該当しないと解されます（森下ほか・前掲11頁）。

　それゆえ、国庫帰属を希望する場合は、承認申請までに、本号に該当する金銭債務を完済しておく必要があります。

　金銭債務の有無については、前所有者の銀行口座からの引き落としや市町村からの通知を確認したり、前所有者や近隣の土地所有者からのヒアリングによって調査することが考えられるほか、本金銭債務は法律や各自治体の条例の規定に基づく債務であることから、市町村の窓口（例えば、下水道事業受益者負担金の場合は下水道課等）に問い合わせることで調査が可能と思われます。

　なお、相続土地国庫帰属法施行令4条3項4号と同様に、本号には「軽微なものを除く」といった適用除外規定は設けられておらず、金額が僅少の場合であっても該当します（相続土地国庫帰属法施行令のパブリック・コメント34番）。

　よって、少額な金銭債務が残っている場合には、承認申請を行う場合は、それまでの間に、相続人においてこれを弁済しておく必要があります。ただし、他の事由に抵触する等によって、承認申請が認められないということもあり得ますので、事前に法務局との相談を実施した上で、債務が消滅していればほぼ確実に承認されるとの見通しが立った時点で弁済をする方が安全でしょう。

第 3 章

● ●

承認申請等

148

[39]　承認申請の審査の流れは

　　承認申請はどのような流れで行われるのでしょうか。

　　承認申請書が管轄の法務局で受け付けられると、法務局担当官による書面調査・実地調査が行われ、却下・不承認事由がない場合には法務大臣・法務局長による承認がなされます。承認後、負担金を納付すると、所有権移転登記がなされます。

解　説

1　承認申請書の提出

　承認申請を希望する者が、承認申請書を作成し、必要な書類を添付した上で、審査手数料を納付し申請を行います。

　管轄する法務局に必要書類を提出し、受付が完了した場合に、承認申請が受け付けられたことになります。

　申請の方法は［41］、申請書の記載内容、記載方法については［42］を参照してください。

2　調　査

　承認申請がなされた場合に、書面調査及び実地調査が行われます。書面調査のみで要件を満たさないことが明らかになった場合には承認申請は却下されます。

　実施調査がされた場合でも却下事由（法4①）に該当することが判明

した場合には却下されます。実施調査の結果、国庫帰属の承認に適さない土地（法5条1項各号のいずれかに該当する土地）であることが判明した場合には、不承認となります。

　調査方法については、[44]及び各章の該当の設問を参照してください。

3　法務大臣・管轄法務局長による承認

　調査の結果、却下・不承認事由がない場合には、法務大臣・管轄法務局長により承認がなされ、承認申請者に承認通知及び負担金通知がなされます。

4　負担金の納付

　承認された場合に、通知を受けてから30日以内に負担金を納付すれば、承認申請した土地が国庫帰属されることになります。

　負担金の納付手続については第4章を参照してください。

5　登　記

　負担金を納付し、土地が国庫帰属した場合、所有権移転登記がなされます。登記については、承認申請書に、国の機関に登記嘱託することを承諾していた場合には、国の機関によって所有権移転登記がなされます。

〇相続土地国庫帰属制度の審査フローの概要

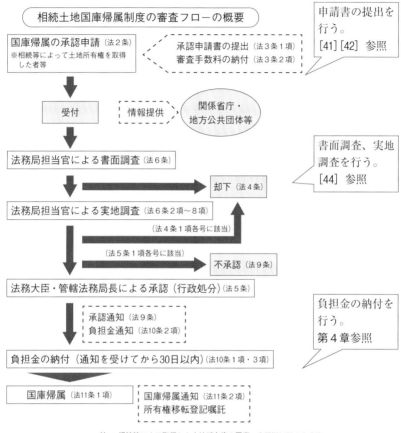

法…相続等により取得した土地所有権の国庫への帰属に関する法律

（法務省「相続土地国庫帰属制度のご案内」４頁のフローを加工して作成）

[40]　事前相談とは

　　相続土地の国庫帰属を検討する場合に、事前相談ができると聞きましたが、どのような制度でしょうか。

　　相続土地の国庫帰属を検討する場合には、申請をする前に、法務局や地方法務局の窓口での対面相談や電話相談をすることができます。

解　説

1　事前相談の方法

　相続土地国庫帰属制度は、新しく始まった制度ですので、承認申請に対する不安や手続を確認するため、令和5年2月22日から、全国の法務局、地方法務局の本局において、対面相談や電話相談をすることができるようになっています。

　相談の受付は、承認申請をする土地が所在する都道府県の法務局、地方法務局（本局）の不動産登記部門です。支局や出張所では相談の受付はしていませんので注意してください。なお、土地が居住地から遠方であるなど、承認申請をする土地が所在する法務局等での相談が難しい場合には、電話相談や、居住地近くの法務局で相談をすることができます。

2　相談者

　事前相談は、土地所有者本人だけではなく、家族や親族も相談することが可能です。ただし、相談者と関係のない土地の相談などは応じ

られないことになっています。あくまでも承認申請を希望する土地に関する事前相談となります。

3　相談内容について

　相談できる内容は、国庫帰属できそうかどうか、作成書類に漏れがないかなどの個別的な相談が可能です。ただし、相談時間が１回の予約で30分となっていますので、できるだけ準備して相談する方が効率的です。

　相談する際には、法務省のウェブサイトに掲載されている①相続土地国庫帰属相談票、②チェックシートの２点を記載して持参することになっています。その他、相談したい土地の登記事項証明書、地図の写し、所有権や境界に関する資料、土地の形状や全体が分かる写真などを持参すると、より具体的な相談が可能となります。例えば、土地の境界が問題となるような場合は、各境界点を明らかにするような境界標、ブロック塀、道路のへり等の地物などの簡易な目印等がある場合にはこれらの写真なども先に添付しておくとよいでしょう（詳しくは［22］を参照してください。）。具体的な資料については、**第２章**で個別の事前確認の内容が記載されていますので、必要箇所を参照してください。

　なお、相談では相談担当者の見解が述べられますが、承認の可否を保証するものではありません。あくまで事前相談にすぎませんので、実際の承認の可否は承認申請後に判断されることになります。とはいえ、具体的な資料を作成して正確に状況を説明するような相談であれば、具体的な見解を得られる可能性は大きいと考えられます。そのため、承認申請に不安があって事前相談を考えているような場合には、具体的な相談ができるようあらかじめ専門家に相談し準備した上で事前相談をする方が有益です。

○相続土地国庫帰属相談票

相 続 土 地 国 庫 帰 属 相 談 票

No. _____

※太枠の中について、差し支えない範囲でご記入ください。
・国庫帰属に関する相談は、事前予約制となっております。
・1回の相談時間は、30分以内とさせていただきます。

年　　　月　　　日 相談者の連絡先 住所	相談利用回数	□ 初めて　□ 2回目　□ 3回目以上 (前回相談日：　　年　　　月　　　日)

ふりがな
お名前

連絡先 （ □ 自宅　□ 携帯電話 □ 勤務先 ）
TEL （　　　　　　）　　　　　　　—

相談対象の土地の情報について記入してください。 ※ 前回の相談で記入した項目は省略して構いません。

所在・地番

地目 □ 宅地 □ 田 □ 畑 □ 山林 □ その他（ 　　　　　　　　）

地積 　　　　　㎡ 現地の状況

土地の所有者との関係 □ 本人 □ 家族、親族 □ その他（ 　　　　　　）

お手持ちの資料のチェックボックスにチェック☑を記入してください。

□ 登記事項証明書、登記簿謄本 □ 登記所備付地図の写し □ 土地の写真
□ 境界に関する資料（確定測量図、境界確認書等） □ 固定資産税評価証明書
□ チェックシート □ その他（ 　　　　　　　　） □ 特になし

相談の概要（土地の現状、特に確認したい事項など）をお書きください。

□ 個人情報を含む相談結果（相談票・チェックシート・持参資料）を法務省・管轄法務局に提供することを承諾します。
※ 個人情報の取扱いについて
・取得した個人情報は、同意のない限り外部に提供することはありません。
・取得した個人情報は、相続土地国庫帰属制度に係る事務以外に利用することはありません。

法務局使用欄

相 談 日	年　　　月　　　日	相 談 方 法	□ 窓口　□ 電話
相 談 時 間	時　　分　　～	時　　分（所要時間　　　分）	
相 談 担 当 者			
相談要旨	□ 制度概要の説明 □ 書式配布・ホームページの案内 □ 相談対象の土地の具体的状況の確認 □ 記載例に基づき説明 □ 申請書・添付書類の書き方の説明 □ 申請書・添付書類の確認 □ その他（ 具体的な申請予定　□ あり　□ なし		
次回相談の希望	□ あり　□ なし	次回相談日時	年　　月　　日　　時

（法務省ウェブサイトより転載）

○相談したい土地の状況について（チェックシート）

| 相談したい土地の状況について（チェックシート） | ☑ |

○ 該当する項目のチェックボックス□にチェック☑を入れてください。

○ 却下要件・不承認要件に当てはまるかどうかの最終判断は、承認申請後に法務大臣（土地の所在する法務局・地方法務局の長）が行うので、相談者が特別な調査を実施する必要はありません。

○ □にチェックできるかどうか分からない項目がある場合は、チェックをせずに、法務局担当者におたずねください。

○ 法務局担当者が、実地調査でチェック部分の事実の有無を確認します。実地調査の結果によっては、承認申請が却下又は不承認となることがあります。

（却下要件）	（根拠条文）
□ 建物が建っている土地ではありません。	法2条3項1号
□ 債務の担保（抵当権など）になっていたり、他人が使用する権利（賃借権、地上権、地役権など）が設定されている土地ではありません。	法2条3項2号
□ 【森林の場合】森林組合等との間で管理や経営に関する委託契約を締結している土地、入会権・経営管理権が設定されている土地ではありません。	法2条3項2号
□ 【森林の場合】他人による使用が予定される林道、登山道が含まれる土地ではありません。	法2条3項3号
□ 他人の使用が予定される土地（墓地、境内地、実際に通路・水道用地・用悪水路・ため池として使われている土地）ではありません。	法2条3項3号
□ 特定有害物質により汚染されている土地ではありません。	法2条3項4号
□ 境界（所有権の範囲）が明らかでない土地、所有権の存否や帰属、範囲について争いがある土地ではありません。	法2条3項5号

（不承認要件）	（根拠条文）
□ 崖（勾配が30度以上であり、かつ、高さが5メートル以上のもの）がある土地のうち、擁壁工事が必要など、管理に追加の費用や労力がかかる土地ではありません。	法5条1項1号
□ 通常の管理・処分を妨げる工作物、車両、樹木などが地上にある土地ではありません。	法5条1項2号
□ 通常の管理・処分を妨げる物が地下に埋まっている土地ではありません。	法5条1項3号
□ 土地を管理・処分するために、隣の土地の所有者等とのトラブルを解決しなければならない土地（隣の土地の所有者等によって通行が実際に妨害されている土地、他人に土地が占有されていて所有者が自由に使えない土地など）ではありません。	法5条1項4号
□ 【別荘地の場合】別荘地管理組合等から管理費用が請求されることがある土地ではありません。	法5条1項4号
□ 【森林の場合】立木を第三者に販売する契約を締結している土地ではありません。	法5条1項4号
□ 土砂崩落、地割れなどを理由とする災害によって被害が発生することを防止するため、土地に追加で措置を講じなければならない土地ではありません。	法5条1項5号
□ 鳥獣や病害虫などにより、土地や人の生命・身体、農産物や樹木に被害が生じる危険がある土地ではありません。	法5条1項5号
□ 【森林の場合】適切な造林・間伐・保育が実施されておらず、国による整備が追加で必要となる森林ではありません。	法5条1項5号
□ 国が土地を引き取った後、通常の管理費用以外の金銭を法令の規定に基づいて負担しなければならない土地ではありません。	法5条1項5号
□ 国が土地を引き取ったことで、法令の規定に基づいて申請者の債務を国が引き継ぐことになる土地ではありません。	法5条1項5号

（法務省ウェブサイトより転載）

[41]　承認申請の方法は

　承認申請をする場合の具体的な方法を教えてください。

　承認申請する土地が所在する都道府県の法務局、地方法務局（本局）の不動産登記部門に必要書類を提出して申請することになります。

解　説

1　申請先

　承認申請の申請先は、承認申請する土地が所在する都道府県の法務局、地方法務局（本局）の不動産登記部門になります。窓口で直接提出するか、郵送で提出することができます。インターネットやメールを利用した承認申請はできないことになっていますので、注意してください。

　また、窓口に直接提出する場合には、各法務局の開庁時間（8時30分から17時15分まで）に承認申請窓口で受付ができます。受付には時間がかかりますので、16時30分までに窓口に行くことが推奨されています。事前予約は必須ではありませんが、事前予約した場合には優先的に対応してもらえるため、事前予約する方がよいでしょう。

　なお、承認申請書のひな形や記載例は、法務省のウェブサイトに記載がありますので、下記URLよりダウンロードして利用することができます。申請書の記載方法は[42]を参照してください。

https://www.moj.go.jp/MINJI/minji05_00457.html#mokuji6（2023.9.7）

2　承認申請者について

　承認申請をするためには、土地の所有者本人が承認申請書を作成して申請します。

　申請書は、所有者本人が作成するのが原則ですが、弁護士、司法書士、行政書士の資格者に書類作成を代行してもらうことが可能です。ただし、資格者は代理人ではなく書類作成の代行にすぎません。承認申請手続ができるのは、所有者本人又は法定代理人に限られますので、他者が代理することは認められていません。

　なお、申請書類に不備がある場合には、原則として承認申請者本人が補正を行う必要があります。もっとも、上記の有資格者が作成を代行した書類については、当該資格者が承認申請者の意思を確認した上で、代わりに修正をすることは認められています。

　また、所有者の家族や親族が書類作成の手伝いをすることは可能とされていますが、申請者の氏名はあくまでも、所有者本人である必要があります。

3　申請する際の注意点について

（1）　添付書類

　申請する際には、申請書の他に添付すべき必須書類がありますので、添付の上で申請する必要があります。

　必須書類は、①承認申請に係る土地の位置及び範囲を明らかにする図面、②承認申請する土地と隣接する土地との境界を明らかにする写真、③承認申請する土地の形状を明らかにする写真、④承認申請者の印鑑証明書です。印鑑証明書には有効期限の定めはありません。

　その他、遺贈によって土地を取得した相続人が申請する場合は、相続人が遺贈を受けたことを証明する書面が必要になります。

　また、承認申請者と所有権登記名義人が異なる場合には、土地所有

権登記名義人から相続又は一般承継があったことを証する書面も必要となります。

　なお、任意の添付書類は、固定資産税評価証明書や承認申請土地の境界等に関する資料などです。境界に関しては調査事項に含まれていますので、あらかじめ専門家などが作成した資料や当事者間の合意書面などが存在する場合には、あらかじめ添付しておいた方がよいと思います。とはいえ、全ての書類を添付する必要もないですし、逆に添付書類が多すぎる場合には審査に時間を要することも否定できません。そのため、任意に添付した方がよい書類の選別については、専門家に相談した方がよいでしょう。

　提出した書類については、「これは原本の写しに相違ないことを証明する」旨の記載を付した添付書類の原本の写しと原本を併せて提出した場合には、審査完了後に、添付書類の原本を還付することができます。ただし、印鑑証明書と嘱託登記の承諾書については、原本の還付はできないとされています。

（2）　手数料

　承認申請には手数料が必要となり、審査手数料は土地1筆当たり1万4,000円となります。この手数料は、収入印紙で納付することになりますが、割印をせずに承認申請書に貼付します。

　承認申請を途中で取り下げたり、却下された場合であっても、手数料の返還はありません。

（3）　受付について

　承認申請の受付の際には、担当者による書類の確認、留意事項の説明などがあるため、おおむね10〜20分程度かかるとされています。

　また、受付の際に申出をすれば、受付番号が記載された受付証を発行してもらうことができます。もっとも、受付証は証明書ではなく、受付をしたことが分かる参考書面にすぎませんので、注意してください。受付証の申出は、受付をした日以降でも行うことができます。

［42］　承認申請書の記載方法は

　承認申請書の記載方法を教えてください。

　承認申請者の氏名及び住所、承認申請に係る土地の登記記録上の所在等の必要事項、承認申請に係る土地の所有権登記名義人、添付する書類、審査手数料、承認申請に係る土地の状況、その他の事項を記載します。

【解　説】

1　承認申請書の記載内容について

承認申請書に記載する内容は、申請者が単独申請の場合、共同申請の場合の2種類があります。

承認申請書のひな形や記載例は、法務省のウェブサイトに記載がありますので、下記URLよりダウンロードして利用することができます。

https://www.moj.go.jp/MINJI/minji05_00457.html#mokuji6（2023.9.7）

具体的な記載内容は、承認申請者の氏名及び住所、承認申請に係る土地の登記記録上の所在等の必要事項、承認申請に係る土地の所有権登記名義人、添付する書類、審査手数料、承認申請に係る土地の状況、その他の事項です。

添付する書類はあらかじめ申請書に記載されていますので、申請者は、添付する書類が記載されているチェック欄にチェックを入れることになります。

承認申請に係る土地の状況は別紙を提出します。別紙には、却下要

件や不承認要件が記載されており、これらに当てはまらないことにチェックを入れる形式になっています。一つでも当てはまる場合には、却下又は不承認となりますので、基本的には全てチェック（該当しない）して申請します。申請時の認識に齟齬がなければ、最終的な判断で却下又は不承認となった場合でも、申請時のチェックが問題になることはありません。とはいえ、申請後に、却下又は不承認とされては申請した意味がなくなってしまいます。事前にできる限り、却下事由や不承認事由がないか専門家の意見を聞きながら確認する方がよいでしょう。

　その他事項も申請書に記載があります。チェック項目には法務局が固定資産税課税台帳の情報を地方公共団体から取得することに承諾するか、土地が国庫帰属した場合に国の機関に所有権移転の登記嘱託をすることを承諾するか、土地の有効利用を図るために関係機関への情報提供を承諾するかを問うものが記載されています。承諾する欄にチェックすると今後の調査の際に別途承諾書などを出す必要がなくなりますので、承諾する欄にチェックしておくことをお勧めします。

　承認申請をする場合には、作成した承認申請書に加え、必要書類を添付して申請することになります。

2　承認申請書の作成者について

　承認申請書は、原則として承認申請しようとする土地の所有者本人が作成することになっています。その他、弁護士、司法書士及び行政書士の三士業に限り、書類作成を代行してもらうことは可能です。

　なお、承認申請書の作成者は所有者本人となりますが、書類作成に当たり、所有者の家族や親族が作成を手伝うことは問題なく可能です。また、親族などの関係者の連絡先を併記して記載することもできます。この場合は、本人との間柄や連絡先を併記する理由も記載すること

なります。承認申請者が高齢で対応が困難な場合など、他の親族が対応する方がよいという場合もあるため、このような対応が認められています。

　三士業に作成依頼をした場合で、三士業が作成した書類に不備があったときは、承認申請者本人が補正することになります。ただし、三士業の資格者が作成を代行した書類について、承認申請者の意思を確認した上で、代わりに当該書類について修正をすることは可能です。

3　添付書類について

　添付する書類は、必須の書類や任意の書類があります。添付書類の具体的な内容については、[41] を参照してください。

[43]　関係機関への資料提供の依頼等とは

　承認申請がされた後、法務局は承認申請者の提出した資料のみに基づいて**審査**をするのでしょうか。

　違います。法務局は、関係行政機関、関係地方公共団体等の関係機関に対して資料提供の依頼等を行い、関係機関から提供された資料も加えて事実を調査した上で審査をします。

解　説

1　関係機関への資料提供の依頼

　承認申請者が承認申請書を提出すると、法務局において審査がされることになります。その審査をするための資料として、承認申請者は、申請書と共に添付書類を提出することが求められています（規3）。

　しかし、申請者が提出した添付書類だけでは国庫帰属の却下事由や不承認事由に該当する事実があるか否かを判断するに足りる資料が得られない場合もあります。

　そこで、相続土地国庫帰属法は、法務大臣が承認申請に係る審査のため必要があると認めるときは、その職員に事実の調査をさせることができることを定め（法6①）、この事実調査のために必要がある場合には、法務大臣は関係行政機関の長、関係地方公共団体の長、関係のある公私の団体その他の関係者に対し、資料の提供、説明、事実の調査の援助その他必要な協力を求めることができることを定めました（法7）。

　審査の流れでは、上記規定に基づいて、法務局の担当者は、承認申請があった後、事実の調査を行うため、関係機関に対して資料提供の依頼をします（[39] 参照）。

　提供を求める資料の詳細については、通達に列挙されています（通達第9節2参照）。大きく分けて、①負担金の金額を検討するために必要な資料と、②却下要件及び不承認要件を検討するために必要な資料が収集されます。

　①の例として、固定資産課税台帳上の所在地番、地目及び地積（登記及び課税）や、「農地台帳」に記載のある土地に関する資料を提供するよう関係機関に依頼がなされます。

　②の例として、土壌汚染の有無を調査するため（法2③四）、土壌汚染対策法6条の「要措置区域」及び同法11条の「形質変更時要届出区域」に存在する土地に関する資料を提供するよう関係機関に依頼がなされます。

　そのほか、「墓地」「境内地」「ため池」に該当するか（令2二〜四）、治山事業の計画のある土地ではないか（令4③一）、森林病害虫等防除法に基づく高度公益機能森林又は被害拡大防止森林に指定されている土地ではないか（令4③二）、条例等に基づき金銭の支払債務が発生することが確実な土地ではないか（令4③四）といった点に関する資料の提供をするよう関係機関に依頼がなされます。

　通達では、通達に列挙されている事項以外の事項についても「申請土地の状況に応じて追加して資料提供を依頼することがあり得る」とされているので（通達第9節2）、通達の記載は限定列挙ではなく、土地ごとの個別具体的な事情に応じて様々な資料提供をすることが予定されているといえます。

　したがって、承認申請者が、手持ちの資料に基づいて申請土地に却下事由や不承認事由に該当する事実はないと考えていたとしても、関

係機関から提供された資料によって、申請土地が実は却下事由に該当
する土地であったと判明する可能性があります。

２　関係機関に対する助言の依頼

　相続土地国庫帰属法７条は、関係機関に対する資料提供の依頼のほ
か、「説明、事実の調査の援助その他必要な協力を求めることができる」
と定めていますので、法務局職員は、関係者に対して助言の依頼をす
るなど事実調査に協力を求めることができます。

　すなわち、法務局は、審査をするに当たり、資料を関係機関から得
るだけでなく、場合によっては助言等も得ながら審査をするというこ
とです。

　このように、承認申請がされた後、法務局は承認申請者の提出した
資料のみに基づいて審査をするのではなく、自ら資料を集めて審査を
します。承認申請者は、資料が限られた中で承認申請をすることにな
るかもしれませんが、できるだけ却下事由や不承認事由に該当する事
実がないことを確認してから申請をする方が、後の法務局による調査
によって予想外の事実が判明するといった事態を防ぐことができると
思われます。

［44］　承認申請の審査方法は

　　承認申請をした場合に、どのように審査されるのでしょうか。

　　所定の調査事項について書面調査と実地調査が行われます。

解　説

1　調査事項

　審査の際に調査が必要となる調査事項は下記の18項目があります（通達第10節第３）。

① 　承認申請に記載された氏名又は名称及び住所が登記記録上のものと一致するか否か

② 　申請土地の所在、地番、地目及び地積が申請土地の登記記録と一致するか否か

③ 　申請土地の所有者が登記名義人と一致するか否か

④ 　所有権の取得原因が何か

⑤ 　建物が存在する土地か否か

⑥ 　担保権又は使用及び収益を目的とする権利が設定されている土地か否か

⑦ 　通路その他、他人による使用が予定されている土地か否か

⑧ 　土壌汚染対策法２条１項に規定する特定有害物質（相続土地国庫帰属法施行規則14条で定める基準を超えるものに限ります。）により汚染されている土地か否か

⑨　境界が明らかでない土地その他の所有権の存否、帰属又は範囲について争いがある土地か否か

⑩　崖（勾配が30度以上であり、かつ、高さが5メートル以上のもの）がある土地のうち、その通常の管理に当たり過分の費用又は労力を要するものか否か

⑪　土地の通常の管理又は処分を阻害する工作物、車両又は樹木その他の有体物が地上に存する土地か否か

⑫　除去しなければ土地の通常の管理又は処分をすることができない有体物が地下に存する土地か否か

⑬　隣接する土地の所有者等との争訟によらなければ通常の管理又は処分をすることができない土地か否か

⑭　土砂の崩壊、地割れ、陥没、水又は汚液の漏出その他の土地の状況に起因する災害が発生し、又は発生するおそれがある土地であって、その災害により当該土地又はその周辺の土地に存する人の生命若しくは身体又は財産に被害が生じ、又は生ずるおそれがあり、その被害の拡大又は発生を防止するために当該土地の現状に変更を加える措置（軽微なものを除きます。）を講ずる必要があるものか否か

⑮　鳥獣、病害虫その他の動物が生息する土地であって、当該動物により当該土地又はその周辺の土地に存する人の生命若しくは身体、農産物又は樹木に被害が生じ、又は生ずるおそれがあるものか否か
　　（ただし、その程度が軽微で土地の通常の管理又は処分を阻害しないと認められるものを除きます。）

⑯　主に森林（森林法2条1項に規定する森林をいいます。）として利用されている土地のうち、その土地が存する市町村の区域に係る市町村森林整備計画（同法10条の5第1項に規定する市町村森林整備計画をいいます。）に定められた同条2項3号及び4号に掲げる事項に適合していないことにより、当該事項に適合させるために追加

的に造林、間伐又は保育を実施する必要があると認められるものか
否か
⑰　相続土地国庫帰属法11条１項の規定により所有権が国庫に帰属し
た後に法令の規定に基づく処分により国が通常の管理に要する費用
以外の費用に係る金銭債務を負担することが確実と認められる土地
か否か
⑱　法令の規定に基づく処分により承認申請者が所有者として金銭債
務を負担する土地であって、相続土地国庫帰属法11条１項の規定に
より所有権が国庫に帰属したことに伴い国が法令の規定により当該
金銭債務を承継することとなるものか否か

2　書面調査について

　承認申請がなされた場合、上記調査事項を中心に承認申請書類の記
載内容や添付された書類などによる書面調査を行います。また、関係
行政機関の長、関係地方公共団体の長、関係のある公私団体その他の
関係者に対し資料提供依頼を行う（法7）などして書面調査を進めま
す。
　書面調査だけで却下事由に該当することが確実である場合には、承
認申請が却下される方向で処理が進められますので、書面に不備がな
いかは申請時にしっかり確認するようにしましょう。

3　実地調査について

　実地調査は、原則として管轄法務局の帰属担当者が実施します。書
面調査で却下事由に該当することが明らかである場合には実地調査は
実施されません。
　実地調査は、１回かつ１日以内で実施されることが原則となります
が、特別な事情がある場合には複数回、複数日で行われることもあり

ます。

　実地調査に当たり、他人の土地に立ち入る場合には、あらかじめ他人の土地の占有者に対し、所定の様式で通知されます。なお、承認申請者には電話等により適宜連絡されることになります。

　また、土地に立ち入る場合には、法務局長等が帰属担当者の身分証明書を携帯し、関係者から求められた場合には、その身分証を提示することになります。また、土地の占有者の承諾がない限り、日の出前又は日没後の立入りはできないこととされています。

　実地調査に当たり、承認申請者は、同行を求められた場合に限り、自らの費用負担を持って同行対応することになります。この場合、正当な理由なく拒否した場合には、承認申請は却下されてしまいますので、必ず同行しましょう。他方で、同行を求められていないが同行を希望する場合には、承認申請書を提出した法務局等に相談し、同行が認められた場合に同行することができます。なお、承認申請者が同行できない場合、承認申請者の近くに居住していたり、土地について詳しく知っている家族や申告、資格者などを本人に代えて同行させることができます。もっとも、本人以外の者の同行を希望する場合には、当日、承認申請者が同行を拒否したと判断されないよう、本人以外の同行でよいかを事前に確認しておきましょう。

　実地調査終了後には、実地調査報告書が作成されます。

[45]　承認申請の取下げは可能か

　　相続土地の国庫帰属の承認申請を行いましたが、当該土地を第三者に売却できそうです。国庫帰属の承認申請を取り下げることは可能でしょうか。

　　承認申請の取下げは、当該土地について国庫帰属するとの承認がなされる前までであれば、可能です。

　　なお、国庫帰属が承認されたとしても、法務局からの承認通知を受領した翌日から30日以内に負担金を納付しなかったときには、承認決定は失効します。

解　説

1　申請取下げの方法について

　相続土地国庫帰属の承認申請を取り下げるときは、管轄法務局長に対し、取下書を提出する形で行う必要があります（規7①）。なお、隣接する2筆以上の土地を合わせて相続土地国庫帰属の承認申請を行った場合で、かつ、当該土地の管轄法務局長が異なる場合、そのいずれかに対して承認申請を提出すれば足ります（規1ただし書）。このような申請を行った場合には、申請を行った法務局長に対し、取下書を提出することとなります。

　取下書には、申請者の氏名・住所、承認申請を行った土地を特定するため当該土地の所在地番、申請を特定するための情報として受付年月日や受付番号等を記載することとなります。また、申請者の氏名・住所が申請時と異なる場合には、変更を証する書面を添付する必要が

あると解されています。

　この点、取下書の提出方法としては、取下書を管轄法務局の窓口に持参する形でも、郵送にて提出するのでもよいと解されています。

　なお、承認申請の取下げを行った場合も、納付した手数料の返還はないとのことです。

2　取下げ時期について

　取下げは、当該相続土地国庫帰属の承認がされるまで行うことができます（規7②）。その理由として、「承認がされた後は、承認の通知（法9）や負担金の納付（法10①）など、承認を前提とした手続が進行するため」（森下宏輝ほか「相続等により取得した土地所有権の国庫への帰属に関する法律施行規則の解説」NBL1237号9頁）といわれています。

　申請していた相続土地国庫帰属が承認された後は、当該申請を取り下げることはできません。そのため、国庫帰属が承認された後に、対象土地を国庫に帰属させることを希望しなくなったときには、負担金を納付せずに期間の経過を待ち、承認の失効を待つことになります（法10③）。

　そのため、本設問のように、対象土地が第三者に売却できるようになったときには、現実に売却・履行が実現できそうかどうかを見極め、申請の取下げ、若しくは承認の失効を選択することとなります。

3　取下げがなされた場合の添付書類の還付について

　最後に、申請の取下げを行った際、申請時に提出した添付書類の取扱いについて、説明します。

　承認申請が却下された場合と同様、原則、添付書類は返還されます（規7③前段・6③本文）。ただし、添付書類が偽造された書面である疑

いがある場合、その他の不正な承認申請のために用いられた疑いのある書面である場合には、返還されません（規7③後段・6③ただし書）。

　なお、通達によると、取下げがあった場合の添付書類の返還方法は、窓口での返還、郵送での返還（ただし、郵送料等は承認申請者負担）のいずれかの方法を選択可能とされています。

○取下書（通達別記第13号様式）

取下書

○○（地方）法務局長　殿

　　申請を撤回するので、下記の承認申請を取り下げます。

令和○年○月○日

　　　　申請者
　　　　　住所：○○県○○市○○町○○番
　　　　　氏名：○○　　　　　　　　　　　　実印（注1）

記

1　取下げの対象
　　受付年月日・受付番号　令和○年○月○日受付令和○年第○号(注2)
2　取下げをする土地の所在地番：○○県○○市○○町○○番

（注1）承認申請書に押印した印鑑を押印してください。
　　　　また、承認申請書に記載した住所・氏名から変更がある場合には、変更を証する書面を添付してください。
（注2）承認申請の受付の年月日及び受付番号を記載してください。
（注3）手数料の返還はありません。

第 4 章

負担金の納付

174

［46］　負担金の納付手続の流れは

　　負担金を納付する場合は、どのような手続をとれば
よいでしょうか。

　　国庫帰属の申請が承認された場合、法務局から送付
される納入告知書又は納付書に基づいて納付します。

解　説

1　負担金とは

　負担金とは、土地が国庫帰属するに当たり、国に生じる管理費用の
一部を管理の負担を免れる土地の所有者が負担する費用のことをいい
ます。

　土地の所有者である承認申請者が負担する費用は、国庫帰属の申請
が承認された土地について、「国有地の種目ごとにその管理に要する
十年分の標準的な費用の額を考慮して政令で定めるところにより算定
した額の金銭（以下「負担金」という。）を納付しなければならない」
とされています（法10①）。国に生じる管理費用の一部を管理の負担を
免れる程度に応じて申請者に負担してもらうためです。

　期限内に負担金を納付しない場合は、承認の効力が失われることに
なります（法10③）。

2　納付手続方法について

　国庫帰属の申請が承認された場合、法務局から承認申請者ごとに、
承認の通知と併せて、負担金額を記載した書面が送付されることにな
ります（規17②）。

　負担金は、負担金の額の通知と併せて法務局等の歳入徴収官から送付される納入告知書又は納付書によって納付しなければならないとされています（規19）。納付先は、日本銀行の本店、代理店、歳入代理店になります。代理店、歳入代理店とは、歳入にかかる国庫金を取り扱う金融機関をいい、都市銀行、ゆうちょ銀行、信用金庫、信用組合、農協・漁協などになります。指定されている納付先以外に納付することはできないため、法務局に直接現金を持参しても負担金を納付することはできません。

　納付方法は、①日本銀行や日本銀行代理店（金融機関（簡易郵便局を除きます。））の窓口に持参して納付する方法、②インターネットバンキング、モバイルバンキング（携帯電話）、銀行のＡＴＭなどの画面上で収納機関番号等を入力することにより、電子納付する方法のいずれかです。

　負担金の納入期限は、負担金の額の通知が到達した日の翌日から起算し30日以内とされています（法10③）。期限は納入告知書にも記載されていますので、確認してください。なお、承認申請者が共有者で複数いる場合には、代表者1人が納入告知書を受け取った上で負担金を納入することとなり、最初に負担金額の通知書が到達した日の翌日が起算日となります。

　納入期限内に負担金の納付がなされた場合、納付された時点で、土地の所有権が国に移転します。

　納付期限内に納付しなかった場合には、承認の効力が失効します（法10③）。すなわち、承認の効力が失効した場合は、最初から申請し直さなければなりません。納付期限後に納付しても有効になることはありません。期限後の納付は無効ですので、期限内に必ず納付しましょう。期限後に納付された負担金は、法務局等が期限後納付を確認した後で、申請承認者に連絡し、還付されることになります。

[47]　負担金の算定基準は

 負担金はどのように算定されるのでしょうか。

 負担金は、土地の性質に応じた標準的な管理費用を考慮し、10年分の土地管理費用相当額を基準に算定されます。

解　説

1　負担金の分類

　負担金を算定するための前提として、申請土地を4種類に区分し、種目に応じて負担金額が決定されます。種目は、「宅地」「農地」「森林」「その他」の4種類です。

　これらの種目は、承認申請があった土地について、申請者から提出された書面の審査、関係機関からの資料収集、実地調査など客観的事実に基づいて、法務局長が判断します（規22十八）。もっとも、承認申請が却下又は不承認となる場合には、種目の判断は不要とされています。

　種目の判断に際しては、主に農用地又は森林として利用される土地ではないと明らかに認められる場合を除き、法務局長らが財務大臣及び農水大臣から意見を聴取することになります（法8）。意見聴取に際しては、書面調査及び実地調査の結果を踏まえた法務局長等の見解を記載した書面を用いて行われます（規18）。

2　負担金の算定について

　法務局長等は、最終的に判断した種目に基づいて、関係機関から提

出を受けた資料を踏まえて負担金額を算定します（令5①各号）。

　負担金の算定に用いる土地の面積は、登記記録上の地積に基づくものとなります。承認申請者が登記記録上の地積と異なる現況面積を主張したい場合には、原則として承認申請前に地積更正又は地積変更の登記をしなければなりません。

　負担金は土地の性質に応じた標準的な管理費用を考慮して算出した10年分の土地管理費用相当額となります（法10①）。

3　種目における負担金算定基準について

　種目に応じて負担金額が異なります。各種目の負担額は下記のとおりです。

　（1）　宅地の場合

　申請土地が宅地の場合には、面積にかかわらず、負担金は原則として20万円になります。ただし、都市計画法の市街化区域又は用途地域が指定されている地域内の宅地については面積に応じて算定されます。

　（2）　田畑の場合

　申請土地が田畑の場合にも、面積にかかわらず、負担金は原則として20万円となります。ただし、都市計画法の市街化区域又は用途地域が指定されている地域内の農地、農業振興地域の整備に関する法律の農用地区域内の農地、土地改良事業等の施行区域内の農地については、面積に応じて算定されます。

　（3）　森林の場合

　申請土地が森林の場合には、原則的な金額はなく、全て面積区分に応じた算定となります。

　（4）　その他

　申請土地が、雑種地、原野などの場合は、その他と区分されて、面積にかかわらず20万円となります。

【負担金算定の具体例】

①　宅　地	面積にかかわらず、20万円
	ただし、都市計画法の市街化区域、又は用途地域が指定されている地域内の宅地については、面積に応じ算定
②　田　畑	面積にかかわらず、20万円
	ただし、以下の田畑については面積に応じ算定 ㋐　都市計画法の市街化区域又は用途地域が指定されている地域内の農地 ㋑　農業振興地域の整備に関する法律の農用地区域内の農地 ㋒　土地改良事業等（土地改良事業又はこれに準ずる事業であって、農地法施行規則40条1号及び2号イ若しくはロに規定する事業）の施行区域内の農地
③　森　林	面積に応じ算定
④　その他 ※雑種地、原野等	面積にかかわらず、20万円

　面積に応じた算定方法や合算負担金の申出がある場合の算定法については［48］［49］を参照してください。

［48］　面積に応じた負担金の算定方法は

 　　面積に応じた負担金はどのように算定されるのでしょうか。

 　　負担金は、相続土地国庫帰属法施行令5条1項各号の表の区分に従って算定されることになります。

解　説

1　面積に応じた負担金の算定について

　宅地は面積にかかわらず20万円とされる場合もありますが、都市計画法の市街化区域又は用途地域が指定されている地域内の土地は面積に応じて算定されます。

　また、田畑も面積にかかわらず20万円とされる場合もありますが、都市計画法の市街化区域又は用途地域が指定されている地域内の農地、農業振興地域の整備に関する法律の農用地区域内の農地、土地改良事業等の施行区域内の農地は面積に応じて算定されることになります。

　森林については全て面積に応じて算定されます。

　上記記載以外のその他の土地は、面積にかかわらず20万円となります。

2　具体的な算定について

　面積に応じて算定するものについては、相続土地国庫帰属法施行令5条1項各号の表に区分されており、以下のとおりとなります。

【負担金の算定式】

（1）　宅地のうち、都市計画法の市街化区域又は用途地域が指定されている地域内の土地

面積区分	負担金額
50㎡以下	国庫帰属地の面積に4,070（円/㎡）を乗じ、20万8,000円を加えた額
50㎡超100㎡以下	国庫帰属地の面積に2,720（円/㎡）を乗じ、27万6,000円を加えた額
100㎡超200㎡以下	国庫帰属地の面積に2,450（円/㎡）を乗じ、30万3,000円を加えた額
200㎡超400㎡以下	国庫帰属地の面積に2,250（円/㎡）を乗じ、34万3,000円を加えた額
400㎡超800㎡以下	国庫帰属地の面積に2,110（円/㎡）を乗じ、39万9,000円を加えた額
800㎡超	国庫帰属地の面積に2,010（円/㎡）を乗じ、47万9,000円を加えた額

（2）　主に農用地として利用されている土地のうち、次のいずれかに掲げるもの

①　都市計画法の市街化区域又は用途地域が指定されている地域内の農地

②　農業振興地域の整備に関する法律の農用地区域内の農地

③　土地改良事業等（土地改良事業又はこれに準ずる事業であって、農地法施行規則40条1号及び2号イ若しくはロに規定する事業）の施行区域内の農地

面積区分	負担金額
250㎡以下	国庫帰属地の面積に1,210（円/㎡）を乗じ、20万8,000円を加えた額

250㎡超500㎡以下	国庫帰属地の面積に850（円/㎡）を乗じ、29万8,000円を加えた額
500㎡超1,000㎡以下	国庫帰属地の面積に810（円/㎡）を乗じ、31万8,000円を加えた額
1,000㎡超2,000㎡以下	国庫帰属地の面積に740（円/㎡）を乗じ、38万8,000円を加えた額
2,000㎡超4,000㎡以下	国庫帰属地の面積に650（円/㎡）を乗じ、56万8,000円を加えた額
4000㎡超	国庫帰属地の面積に640（円/㎡）を乗じ、60万8,000円を加えた額

（3）　主に森林として利用されている土地

面積区分	負担金額
750㎡以下	国庫帰属地の面積に59（円/㎡）を乗じ、21万円を加えた額
750㎡超1,500㎡以下	国庫帰属地の面積に24（円/㎡）を乗じ、23万7,000円を加えた額
1,500㎡超3,000㎡以下	国庫帰属地の面積に17（円/㎡）を乗じ、24万8,000円を加えた額
3,000㎡超6,000㎡以下	国庫帰属地の面積に12（円/㎡）を乗じ、26万3,000円を加えた額
6,000㎡超12,000㎡以下	国庫帰属地の面積に8（円/㎡）を乗じ、28万7,000円を加えた額
12,000㎡超	国庫帰属地の面積に6（円/㎡）を乗じ、31万1,000円を加えた額

　例えば、宅地について面積に応じて算定する場合には、50平方メートル以下については、1平方メートル当たり4,070円を乗じ、かつ、20

万8,000円を加えた金額とされています。つまり、50平方メートルの場合には、41万1,500円となります。面積に応じない場合の金額が20万円であることに比べると、かなり高額になってしまうため、その点も踏まえて国庫帰属を申請するかについて検討する方がよいと考えます。

　また、合算負担金の申出が認められた場合、負担金額を軽減することができます。詳細については、［49］を参照してください。

[49]　合算負担金の申出とは

　　合算負担金の申出ができるということですが、どういうことでしょうか。

　　隣接する二筆以上の土地を一つの土地とみなして負担金額を算定することができる制度であり、納付する負担金額を軽減することができます。

解　説

1　合算負担金の申出とは

　申請者は、隣接する二筆以上の土地について、一つの土地とみなし、負担金額を算定することを申し出ることができます。この申出をする際、隣接する二筆以上の土地所有者が異なる場合には、それらの土地所有者が共同して申し出なければなりません（令6②）。また、この申出は、隣接する二筆以上の土地の区分が同一のものでなければなりません（令6①）。

　例えば、二筆の土地が宅地、かつ、いずれも市街化区域内の土地であるような場合、区分が同じですので、隣接土地を一つの土地とみなされ、負担金を算出することができます。

　他方で、一筆の土地が宅地、もう一筆の土地が田畑であるように種目が異なる場合には、合算負担金の申出をすることはできません。また、二筆の土地が同じ宅地であっても、一筆が市街化区域内の宅地、もう一筆が市街化区域外の宅地である場合にも、同一の土地区分にはならないため、合算負担金の申出をすることができません。

　合算負担金の申出が認められた場合には、負担金額が軽減されることがあります。例えば、同じ区分の宅地150平方メートル（土地①）、200平方メートル（土地②）の二筆の隣接する土地があるとします。この場合、合算負担金の申出をしなければ、土地①の負担金は67万500円（2,450円×150平方メートル＋30万3,000円）、土地②の負担金は79万3,000円（2,450円×200平方メートル＋30万3,000円）となり、合計で146万3,500円が負担金として算定されます。他方で、これらについて、合算負担金の申出をし、要件が満たされれば、350平方メートルの一つの土地と見なされ、負担金は113万500円（2,250円×350平方メートル＋34万3,000円）となります。つまり、合算負担金の申出をすることで、33万3,000円が軽減できます。

2　合算負担金の申出の注意点

　合算負担金の申出は、合算負担金の申出書を相続土地国庫帰属の承認申請書を提出した法務局の本局に提出しなければなりません。提出できる期間は、承認申請が承認されるまでの間です。

　また、二筆以上の土地の管轄法務局が二つ以上存在する場合には、いずれかの管轄法務局に対し申出をすれば足ります。なお、申出書の記載に際しては、申出書提出先以外の承認申請書提出先の法務局も申出書に記載することになります。そして、この場合、原則として申出がなされた管轄法務局が申出にかかる全ての土地を審査することになります。そのため、他の管轄法務局申出に係る土地の申請書類一式を合算申出がなされた管轄法務局に引き継ぐことになります。

　また、合算負担金の申出は、単独申出の場合と、共同申出の場合があります。単独申出の場合は上記のとおり、合算の申出をする土地の表示及び申出人を記載する必要があります。他方、複数の申請者による共同申請の場合は、単独申出の場合に加え、合算負担金の納入告知書を受領する人を明示する必要があります。

○合算申出書（単一所有者による場合）（通達別記第17号様式）

令和○年○月○日

合算申出書

○○（地方）法務局長　　殿

　相続等により取得した土地所有権の国庫への帰属に関する法律施行令第6条第1項及び相続等により取得した土地所有権の国庫への帰属に関する法律施行規則第16条の規定に基づき、下記1の土地について、隣接する二筆以上の承認申請に係る土地を一筆の承認申請に係る土地とみなして負担金を算定すべき旨の申出をします。

記

1　合算の申出をする土地の表示（注）
　（1）　土地の所在地番：○○県○○市○○町○○番
　　　　　受付年月日：令和○年○月○日
　　　　　受付番号　：令和○年第○○号
　（2）　土地の所在地番：○○県○○市○○町○○番
　　　　　受付年月日：令和○年○月○日
　　　　　受付番号　：令和○年第○○号
　　　　　提出法務局：○○（地方）法務局
2　申出人
　　　住　所：○○県○○市○○町○○番
　　　申出者：○○○○

（注）合算対象の隣接する土地が複数ある場合には、別紙を用いるなどして全ての土地の表示をしてください。
　　　承認申請と併せて申出をする場合は、受付年月日及び受付番号の記載は不要です。
　　　申出をする法務局と承認申請書を提出した法務局が異なる場合には、提出した法務局も記載してください。

○合算申出書（複数の者による場合）

令和○年○月○日

合算申出書

○○（地方）法務局長　殿

　相続等により取得した土地所有権の国庫への帰属に関する法律施行令第6条第1項及び相続等により取得した土地所有権の国庫への帰属に関する法律施行規則第16条の規定に基づき、下記1の土地について、隣接する二筆以上の承認申請に係る土地を一筆の承認申請に係る土地とみなして負担金を算定すべき旨の申出をします（負担金を算定すべき旨を共同して申出します。）（注1）。

記

1　合算の申出をする土地の表示（注2）
　（1）　土地の所在地番：○○県○○市○○町○○番
　　　　受付日年月日：令和○年○月○日
　　　　受付番号：令和○年第○○号
　（2）　土地の所在地番：○○県○○市○○町○○番
　　　　受付日年月日：令和○年○月○日
　　　　受付番号：令和○年第○○号
　　　　提出法務局：○○（地方）法務局
2　申出人（注3）
　　　　住所　：○○県○○市○○町○○番
　　　　申出者：○○○○
　　　　住所　：○○県○○市○○町○○番
　　　　申出者：○○○○
3　納入告知書を受領する申出人（注3）
　　　　住所　：○○県○○市○○町○○番
　　　　申出者：○○○○（注3）

（注1）土地の所有者が異なる場合には、共同して申し出る旨を記載してください。

（注2）合算対象の隣接する土地が複数ある場合には、別紙を用いるなどして全ての土地の表示をしてください。

承認申請と併せて申出をする場合は、受付年月日及び受付番号の記載は不要です。

申出をする法務局と承認申請書を提出した法務局が異なる場合には、提出した法務局も記載してください。

（注3）申出する土地の所有者が複数名いる場合には、連名で合算申出書を作成し、提出してください。また、負担金の納付に必要となる納入告知書を受領する代表者も記載してください。

第 5 章

相続土地国庫帰属制度を
利用できない場合の対応

[50]　不服申立ての方法は

　相続土地国庫帰属の承認申請者で法務大臣の処分に不満がある者は、どのような方法で不服を申し立てればよいですか。

　承認申請者による不服申立ては、行政不服審査法上の審査請求と行政事件訴訟法上の抗告訴訟によります。

解　説

1　不服申立ての方法

　相続土地の国庫帰属の諾否を決める機関は法務大臣又は法務局長等です。法務大臣・法務局長等の処分に対する不服の申立ては、行政不服審査法（以下「行審法」といいます。）が定める審査請求又は行政事件訴訟法（以下「行訴法」といいます。）が定める抗告訴訟によります。

2　行審法上の審査請求

　行審法上の審査請求は行政機関内部の手続です。審査請求をすべき行政庁は、原則として、処分庁又は不作為庁（以下「処分庁等」といいます。）に上級行政庁がない場合には処分庁等、処分庁等に上級行政庁がある場合には最上級行政庁となります。ただし、処分庁等が主任の大臣等である場合には、最上級行政庁があっても、処分庁等が審査請求を行います（行審4一）。

　法務大臣の上級行政庁は内閣になりますが、主任の大臣ですので、

処分庁等が法務大臣の場合には、法務大臣が審査請求をすべき行政庁となります。法務局長等が処分庁等の場合には、その最上級行政庁は法務大臣となります。したがって、いずれの場合も、処分に不服のある承認申請者は、法務大臣に対し、審査請求をすることになります。

　審査請求の審理の対象は、処分の違法性のみならず裁量行使の当不当に及びます。審査請求は行政機関内の手続だからです。不服申立期間は、処分があったことを知った日の翌日から起算して3か月以内です。審査請求では書面中心審理主義が採用されていますが、申立てをすれば口頭で意見を述べることができます。審査庁は職権探知（当事者が申し立てていない事実を判断の基礎とすること）が可能であると理解されています。審査請求がなされても、原則として処分の執行停止はなされません。

3　行訴法上の抗告訴訟

　行訴法上の抗告訴訟とは「行政上の公権力の行使に関する不服の訴訟」をいいます（行訴3①）。抗告訴訟は、いくつかの訴訟類型が法定されており、相続土地国庫帰属法との関係で利用が想定されるものは、取消訴訟（行訴3②又は③）、不作為の違法確認訴訟（行訴3⑤）、申請型義務付け訴訟（行訴3⑥二）です。

　取消訴訟では「行政庁の処分その他の公権力の行使に当たる行為」（行訴3②）の取消しを求めることができます。一方、不作為の違法確認訴訟は「行政庁が法令に基づく申請に対し、相当の期間内に何らかの処分又は裁決をすべきであるにかかわらず、これをしないことについての違法の確認を求める訴え」です（行訴3⑤）。したがって、法務大臣・法務局長等がした処分に不服がある場合には取消訴訟、相当期間内に処分をしない場合には不作為の違法確認訴訟をそれぞれ提起することが考えられます。

　取消訴訟の訴訟物は行政処分の違法性一般だと理解されています。出訴期間は、原則として、処分の通知を受けた日の翌日から起算して6か月以内です（行訴14①）。なお、審査請求をしている場合には裁決の送達を受けた日の翌日が起算日となります（行訴14③）。被告は国で、国を代表する者は法務大臣です（法務大臣権限1）。普通裁判籍は、法務大臣の所在地を管轄する東京地方裁判所にあります（行訴12①）。また、不動産等に係る処分の場合には不動産等の所在地の裁判所にも管轄が認められます（行訴12②）。

　もっとも、取消訴訟及び不作為の違法確認訴訟が裁判所で認容されても、国は相続土地の国庫帰属を承認するよう裁判所から義務付けられるわけではありません。そこで、これらの訴訟に、申請型義務付け訴訟を併合提起することが想定されます。申請型義務付け訴訟とは「行政庁に対し一定の処分又は裁決を求める旨の法令に基づく申請又は審査請求がされた場合において、当該行政庁がその処分又は裁決をすべきであるにもかかわらずこれがされないとき」に「その処分又は裁決をすべき旨を命ずることを求める訴訟」（行訴3⑥二）をいいます。訴訟物は一定の処分等をしないことの違法性一般だと理解されています。例えば、却下処分（法4①）又は不承認処分（法5①）を受けた者は、かかる処分の取消訴訟とともに、申請型義務付け訴訟を併合提起することが考えられます。

○審査請求書（相続土地国庫帰属法5条1項の規定による不承認処分の取消しと承認処分に変更するよう審査請求をする場合）

審査請求書

令和○年○月○日

法務大臣　殿

審査請求人代理人弁護士　○○○○　㊞

次のとおり審査請求をします。

1　審査請求人の氏名又は名称及び住所
　　　〒○○○－○○○○　○○県○○市○○町○丁目○番○号
　　　　　　　　　　　　○ビル○階
　　　　　　　　　　　　審査請求人　　　○○○○
　　　〒○○○－○○○○　○○県○○市○○町○丁目○番○号
　　　　　　　　　　　　○ビル○階
　　　　　　　　　　　　○○○○法律事務所
　　　　　　　　　　　　上記代理人弁護士　○○○○
　　　　　　　　　　　　電　話　○○○－○○○－○○○○
　　　　　　　　　　　　ＦＡＸ　○○○－○○○－○○○○
2　審査請求に係る処分の内容
　　法務大臣（○○（地方）法務局長）の令和○年○月○日付けの審査請求人に対する下記の申請事件に関する不承認処分（　日　記第　　　号）

記

　　　申請土地の所在地番　　　○○市○○町○番
　　　承認申請年月日　　　　　令和○年○月○日
　　　受付番号　　　　　　　　令和○年第○○号

3　審査請求に係る処分があったことを知った年月日
　　令和〇年〇月〇日
4　審査請求の趣旨
　　「2に記載の処分を取り消し、2に記載の申請事件について相続
　等により取得した土地所有権の国庫への帰属に関する法律第5条第
　1項の規定による国庫への帰属の承認をする」との裁決を求める。
5　審査請求の理由
　　別紙「審査請求の理由」記載のとおり。
6　処分庁の教示の有無及びその内容
　　「なお、この処分に不服があるときは、この処分があったことを
　知った日の翌日から起算して3か月以内に、法務大臣に対し、審査
　請求をすることができます。」との教示があった。
7　添付書類
　　委任状　　　　　　　　　　　1通
　　証拠説明書及び証拠書類　　　各2通

（別　紙）

審査請求の理由

1　審査請求人は、法務大臣（〇〇（地方）法務局長）から、令和〇
　年〇月〇日、下記の申請事件（以下「本件申請事件」という。）につ
　き、承認申請に係る土地（以下「本件土地」という。）が相続等によ
　り取得した土地所有権の国庫への帰属に関する法律（以下「帰属法」
　という。）第5条第1項第1号に該当すると認められることを理由
　として不承認処分（以下「本件不承認処分」という。）を受けた。
記
　　　　　　申請土地の所在地番　　　〇〇市〇〇町〇番
　　　　　　承認申請年月日　　　　　令和〇年〇月〇日
　　　　　　受付番号　　　　　　　　令和〇年第〇〇号

2　本件不承認処分は、本件土地に所在する崖（以下「本件崖」という。）が、勾配が30度以上あり、かつ、高さが5メートル以上ある傾斜地にあたり、その崩落等によって近隣の居住者等に危害を生じさせるおそれがあると認められることを理由としてなされた。

　　しかしながら、本件崖は広大な土地の中央にある崖で、これが崩落しても隣接地に影響を及ぼすことはない。また、本件崖は山中に存在し、本件崖下に所在する土地に人が立ち入ることはほとんどない。したがって、本件土地は通常の管理に当たり過分の費用又は労力を要するものではなく、本件土地には帰属法第5条第1項第1号が定める不承認事由は存在しない。

3　本件土地には、帰属法第5条第1項第2号ないし第5号が定める不承認事由もない。

4　よって、原告は、被告に対し、本件不承認処分の取消し及び本件申請事件に係る本件土地の帰属法第5条第1項の規定による承認をするよう求める。

以　上

○訴状（法務大臣による相続土地国庫帰属法5条1項の規定による不承認処分の取消しと承認の義務付けを求める場合）

訴　　状

令和○年○月○日

東京地方裁判所　御中

原告訴訟代理人弁護士　　○○○○

〒○○○－○○○○　○○県○○市○○町○丁目○番○号
　　　　　　　　　○○ビル○階
　　　　　　　　　原　　　　　告　　○○○○
〒○○○－○○○○　○○県○○市○○町○丁目○番○号
　　　　　　　　　○○ビル○階
　　　　　　　　　○○○○法律事務所（送達場所）
　　　　　　　　　上記訴訟代理人弁護士　　○○○○
　　　　　　　　　電　話　○○○－○○○－○○○○
　　　　　　　　　ＦＡＸ　○○○－○○○－○○○○
〒１００－８９７７　東京都千代田区霞が関一丁目1番1号
　　　　　　　　　被　　　　　告　　国
　　　　　　　　　同代表者兼処分行政庁　　法務大臣
　　　　　　　　　　　　　　　　　　○○○○

帰属法第5条第1項の不承認処分取消し等請求事件
訴訟物の価額　　　　160万円
貼用印紙額　　　　　1万3000円

第1　請求の趣旨
　1　法務大臣が原告に対し令和○年○月○日付けでした相続等によ

り取得した土地所有権の国庫への帰属に関する法律第5条第1項
の規定による不承認処分を取り消す。
2　法務大臣は、原告に対し、原告の令和○年○月○日付け承認申
請に係る土地について同法同条同項の規定による国庫への帰属の
承認をせよ。
3　訴訟費用は被告の負担とする。
との判決を求める。
第2　請求の原因
1　被告は、原告に対し、令和○年○月○日、下記の申請事件（以
下「本件申請事件」という。）につき、承認申請に係る土地（以下
「本件土地」という。）が相続等により取得した土地所有権の国庫
への帰属に関する法律（以下「帰属法」という。）第5条第1項第
1号に該当すると認められることを理由として不承認処分（以下
「本件不承認処分」という。）をした。

記

　　　　　申請土地の所在地番　　　　○○市○○町○番
　　　　　承認申請年月日　　　　　　令和○年○月○日
　　　　　受付番号　　　　　　　　　令和○年第○○号

2　本件不承認処分は、本件土地に所在する崖（以下「本件崖」と
いう。）が、勾配が30度以上あり、かつ、高さが5メートル以上あ
る傾斜地にあたり、その崩落等によって近隣の居住者等に危害を
生じさせるおそれがあると認められることを理由としてなされ
た。
　　しかしながら、本件崖は広大な土地の中央にある崖で、これが
崩落しても隣接地に影響を及ぼすことはない。また、本件崖は山
中に存在し、本件崖下に所在する土地に人が立ち入ることはほと
んどない。したがって、本件土地は通常の管理に当たり過分の費
用又は労力を要するものではなく、本件土地には帰属法第5条第
1項第1号が定める不承認事由は存在しない。
3　本件不承認処分の通知には上記2に記載された理由以外に承認
しないことの理由に関する記載はなく、本件土地には帰属法第5
条第1項第2号ないし第5号が定める不承認事由はない。（注）

4　よって、原告は、被告に対し、本件不承認処分の取消し及び本件申請事件に係る本件土地の帰属法第５条第１項の規定による承認をするよう求める。

証　拠　方　法

証拠説明書による。

添　付　資　料

1　訴状副本　　　　　　　　　　　　　　１通
2　甲第１号証乃至○号証（写し）　　　各１通
3　訴訟委任状　　　　　　　　　　　　　１通

以　上

（注）不承認処分の通知には、審査において複数の不承認事由が存在する場合には全ての理由を記載するよう通達が出されています。

【その他の主文例】

①　法務大臣による相続土地国庫帰属法4条1項の却下処分の取消し
　　と相続土地国庫帰属法5条1項の承認の義務付けを求める場合（注）

1　法務大臣が原告に対し令和○年○月○日付けでした相続等により
　取得した土地所有権の国庫への帰属に関する法律第4条第1項の規
　定による却下処分を取り消す。
2　法務大臣は、原告に対し、原告の令和○年○月○日付け承認申請
　に係る土地について同法第5条第1項の規定による国庫への帰属の
　承認をせよ。
3　訴訟費用は被告の負担とする。
との判決を求める。

（注）相続土地国庫帰属法4条の却下処分は法務局担当官による書面審査（法6）
　　の段階でなされることがあります。その場合、国庫への帰属の承認の前提
　　となる法務局担当官による実地調査がなされていないため、裁判所から義
　　務付けの判決を得られるか疑わしいところです。そのため、却下処分の場
　　合に取消訴訟に併合して、相続土地国庫帰属法5条1項の承認処分の義務
　　付けを求めるか否かは、事例に応じて慎重に検討してください。

②　法務大臣による相続土地国庫帰属法10条2項の負担金の額の通知
　　の取消しと金額を20万円（注）とする負担金の額の通知の義務付け
　　を求める場合

1　法務大臣が原告に対し令和○年○月○日付けでした相続等により
　取得した土地所有権の国庫への帰属に関する法律第10条第2項の規
　定による負担金の額の通知を取り消す。
2　法務大臣は、原告に対し、原告の令和○年○月○日付け承認申請
　に係る土地について負担金の額を20万円とする同法同条第2項の規
　定による負担金の額の通知をせよ。
3　訴訟費用は被告の負担とする。

との判決を求める。

（注）粗放的な管理行為で足りる土地の場合、負担金の額は、対象土地の面積に
　　　かかわらず、一律に20万円とされています。

③　法務大臣による相続土地国庫帰属法13条１項の規定による国庫へ
の帰属の承認の取消処分を取り消すよう求める場合

　１　法務大臣が原告に対し令和○年○月○日付けでした相続等により
　　取得した土地所有権の国庫への帰属に関する法律第13条第１項の規
　　定による国庫への帰属の承認を取り消す旨の処分を取り消す。
　２　訴訟費用は被告の負担とする。
　との判決を求める。

[51]　不服申立ての対象行為は

　　相続土地国庫帰属の承認手続の中で、承認申請者が不服申立てをすることができる行為は何でしょうか。

　　不服申立てをすることができる行為は、法務大臣による①却下処分、②不承認処分、③負担金の額の通知及び④承認の取消しの 4 つです。

解　説

　相続土地国庫帰属制度に係る不服申立ては、行政不服審査法（以下「行審法」といいます。）が定める審査請求と行政事件訴訟法（以下「行訴法」といいます。）が定める抗告訴訟により不服申立てをすることになりますが、不服申立ての対象となる行為は、法務大臣による①却下処分、②不承認処分、③負担金の額の通知及び④承認の取消しの 4 つになります。その理由は、次のとおりです。

1　行審法上の審査請求の対象行為

　行審法が定める審査請求による場合、不服申立ての対象行為は「行政庁の処分その他公権力の行使に当たる行為」（行審 1 ②）に限られます（以下「処分」といいます。）。違法又は不当な行為により国民の権利義務・法律上の利益に与えられた悪影響を排除することが目的だからです（最判昭43・ 4 ・18民集22・ 4 ・936参照）。

　相続土地国庫帰属法に基づく行為のうち行審法の処分に当たる行為は、法務大臣による、①却下処分（法 4 ①）、②不承認処分（法 5 ①）、③

負担金の額の通知（法10②）及び④承認の取消し（法13①）の４つになります。

　却下処分は相続土地国庫帰属法４条１項各号に該当する事実が認められた場合、不承認処分は同法５条１項各号に該当する事実が認められた場合にそれぞれなされます。また、負担金の額の通知は、同法５条１項に基づく承認がなされたときに負担金の納付を求めるためになされます。承認の取消しは、承認申請者が偽りその他不正の手段により同法５条１項の承認を受けたことが判明したときになされます。

　却下処分・不承認処分は相続土地の国庫帰属が認められないという法的効果、負担金の額の通知は負担金の納付義務を発生させる法的効果、承認の取消しは国庫帰属された土地の所有権が承認申請者に復するという法的効果をそれぞれ発生させますので、いずれも処分に当たると理解されています。一方で、事実の調査（法６①）・資料の提供要求等（法７）・承認に関する意見聴取（法８）は、それぞれ承認申請者に何らかの行為を求めるものではありますが、国民の権利義務・法律上の利益に影響を与えるとまではいえないので、原則として処分には当たらないと解されます。

2　行訴法上の抗告訴訟の対象行為

　行訴法上の取消訴訟は「行政庁の処分その他の公権力の行使に当たる行為」（行訴２）の取消しを求めることができ、取消訴訟の対象行為には「処分性」があるといわれます。処分性の有無については、判例により、公権力の主体たる国又は公共団体が行う行為のうちで、その行為により直接国民の権利義務を形成し又はその範囲を確定することが法律上認められるか否かという判断基準が示されています（最判昭39・10・29民集18・8・1809）。判例が示した基準は公権力性・成熟性・外部性・法的効果の４つの要素に分解され、理解されています。

　相続土地国庫帰属制度の中で処分性が認められる行為は、審査請求の場合と同じく、法務大臣による①却下処分（法4①）、②不承認処分（法5①）、③負担金の額の通知（法10②）及び④承認の取消し（法13①）の4つです。却下処分・不承認処分は相続土地の国庫帰属が認められないという法的効果、負担金の額の通知は負担金の納付義務を発生させる効果、承認の取消しは承認申請者に土地の所有権が復するという法的効果をそれぞれ発生させるからです。事実の調査（法6①）・資料の提供要求等（法7）・承認に関する意見聴取（法8）には、原則として処分性はありません。

[52]　却下処分・不承認処分が確定した場合の対応は

　　却下処分・不承認処分が確定した場合に、申請者が申請に係る土地の所有権を放棄するにはどうすればよいでしょうか。

　　土地所有権の放棄はできないと一般的に理解されています。そのため、相続土地国庫帰属の承認を妨げる事情を解消することができるかどうかを検討し、解消できる場合には初めから申請をやり直し、それができない場合には、自治体への寄附等の他の代替手段の利用を検討しなければなりません。

解　説

1　土地所有権の放棄の可否

　土地所有権の放棄とは、土地の所有者が一方的な意思表示によりその所有権を放棄し、土地を所有者のないものとすることをいいます。所有者のない不動産は国庫に帰属することとされています（民239①）が、土地所有権の放棄については民法に規定がなく、また、確立した最高裁判例や通説的な位置を占める学説も存在しないため、その可否は判然としません。相続土地国庫帰属法を審議した法制審議会の民法・不動産登記法部会においても、土地所有権の放棄制度を民法に設けることが検討されましたが、断念されています。

　したがって、却下処分・不承認処分が確定した土地について、その所有権を放棄するだけでは、民法239条1項に従って当該土地を国庫に帰属させることは原則としてできないと解されます。

2　国庫帰属の申請のやり直しの検討

　そこで、却下処分・不承認処分が確定した申請に係る土地の所有権を手放したい者は、相続土地の国庫帰属の申請を、改めて初めからやり直すことが考えられます。もっとも、却下処分・不承認処分が確定したということは、相続土地の国庫帰属の承認を妨げる事情があると法務大臣又は法務局長が判断したということですので、申請前に承認の障害となった問題を解決しなければなりません。

　却下事由が認められる土地は、①建物の存在する土地、②担保権又は使用及び収益を目的とする権利が設定されている土地、③通路その他の他人による使用が予定されている土地として政令で定めるものが含まれる土地、④特定有害物質により汚染されている土地、⑤境界が明らかでない土地その他の所有権の存否、帰属又は範囲について争いがある土地です。これらの却下事由は人為的に解決可能な問題ですので、問題の解決を待って申請のやり直しをすることが考えられます。

　不承認事由が認められる土地は、①崖がある土地のうち、その通常の管理に当たり過分の費用又は労力を要するもの、②土地の通常の管理又は処分を阻害する有体物が地上に存する土地、③除去しなければ土地の通常の管理又は処分をすることができない有体物が地下に存する土地、④争訟によらなければ通常の管理又は処分をすることができない土地、⑤上記①～④以外の土地で、通常の管理又は処分をするに当たり過分の費用又は労力を要する土地です。自然の地形が不承認事由とされるなどした場合には問題の解決は困難ですが、それ以外の事情でしたら人為的に解決可能な問題ですので、却下処分の場合と同じく、問題の解決を待って申請のやり直しをすることが考えられます。

3　国庫帰属を妨げる事情を解決できない場合の対応

　もっとも、却下事由・不承認事由を解決しようとすれば、申請に係

る土地に対して多額の費用をかけて工事を施工しなければならないか
もしれません。工事費用は土地所有者が負担することになります。そ
のため、却下事由・不承認事由の種類によっては、人為的に解決可能
な問題であっても、経済的な理由から事実上解決が不可能であること
が多いでしょう。

　こうした土地については、自治体への寄附等の他の代替手段の利用
を検討しなければなりません。代替手段の利用については、[53][54]
の解説を参照してください。

[53]　相続土地国庫帰属制度の利用ができないことが見込まれる土地を手放したいときは

　相続土地国庫帰属制度の利用ができないことが見込まれる土地を手放したいときは、どうすればよいですか。

　土地所有権の放棄はできないので、土地所有者は自ら譲渡先や管理委託先を探さなければなりません。例えば、全国の空き地・空き家の情報を検索することができる「全国版空き家・空き地バンク」、所有者に代わって不動産管理等の機能を担う「ランドバンク」の利用が考えられます。

解　説

　土地所有権の放棄は原則としてできません（詳しくは［52］を参照してください。）。もっとも、土地所有者にとっては不要な土地であっても、これを放置することはできません。土地所有者には、土地の適正利用・適正管理が求められているからです（土地基3①②）。国及び自治体は、適正かつ合理的な土地の利用及び管理を図るため、土地の利用及び管理に関する計画を策定するものとされており（土地基12①）、これを受けて「土地基本方針」が閣議決定（令和3年5月28日）されています。

1　土地基本方針とは

　土地基本方針では、土地所有者にとって不要な土地を「低未利用土地」と呼称しています。低未利用土地とは「居住の用、業務の用その他の用途に供されておらず、又はその利用の程度がその周辺の地域に

おける同一の用途若しくはこれに類する用途に供されている土地の利用の程度に比し著しく劣っていると認められる土地」をいいます（土地基12④）。低未利用土地の適正利用・適正管理の促進に努める観点から、後記2に述べるような施策が実施されています。なお、農地・森林については［54］を参照してください。

2　低未利用土地の適正利用・管理の促進

（1）　全国の各自治体による取組

全国の各自治体は、空き地・空き家の情報収集・公表等をしています。また、低未利用土地であっても自治体にとって有用な土地でしたら、当該自治体に寄附することができる場合があります。

そこで、低未利用土地の所有者は、当該土地が所在する自治体に問い合わせて、当該土地の寄附の可否や譲渡先・管理委託先を探すことが考えられます。

（2）　全国版空き家・空き地バンク

全国の各自治体の空き地・空き家情報の標準化・集約化を図るため、国土交通省が構築・運営を支援した「全国版空き家・空き地バンク」が、民間事業者2社により平成30年4月から本格運用されています（国土交通省「空き家・空き地バンク総合情報ページ」）。低未利用土地の所有者は、こうした全国規模のマッチング・サービスを通じて、全国から譲渡先や管理委託先を探すことができます。

（3）　ランドバンク

ランドバンクとは、行政と専門人材により構成され、地域における相談体制の構築、空き地・空き家の情報共有をしつつ、マッチング・コーディネートや土地所有者に代わる管理、有効利用等の機能を担う組織です。例えば、狭あい道路の拡幅・狭小宅地の解消、所有者からの管理費用の徴収を条件とした空き地・空き家の管理、低未利用土地

等の活用事業等が実施されています。ただ、ランドバンクについては国土交通省がモデル調査を実施している段階で、所在地域も限定されています。そのため、低未利用土地の所有者としては、当該土地が所在する地域にランドバンクが存在するか否かの確認から始めなければなりません。

（4）　個人の譲渡所得に係る税制特例措置

　低未利用土地等の所有者には、税制特例措置により土地売却へのインセンティブが付与されています。すなわち、個人が、令和5年1月1日から令和7年12月31日までの間に、①市街化区域、非線引き都市計画区域内の用途地域設定区域又は所有者不明土地対策計画を作成した市町村の区域内にある一定の低未利用土地等を800万円以下、②都市計画区域内にあり、かつ、上記①に該当しない一定の低未利用土地等を500万円以下で譲渡した場合には、その年の低未利用土地等の譲渡に係る譲渡所得の金額から100万円（ただし、譲渡所得の金額が100万円未満の場合には当該金額）を控除することができます（租特35の3）。

[54]　相続土地国庫帰属制度の利用ができないことが見込まれる農地・森林は

相続土地国庫帰属制度の利用ができないことが見込まれる農地や森林について譲渡先や管理委託先を探すには、どうすればよいですか。

相続土地国庫帰属制度の利用ができないことが見込まれる土地が農地や森林の場合には、農地法や森林法等による各種規制がありますので、土地の種類に応じたマッチング・サービスを利用する必要があります。例えば、①農地の場合には、地域で借受希望者を募ることができる「農地バンク」や、農地情報を全国一元的に集約した「eMAFF農地ナビ」、②森林の場合には、市町村による「森林経営管理制度」をそれぞれ利用することが考えられます。

解　説

　土地基本法に基づく土地基本方針（[53]を参照してください。）では、①遊休農地がある場合には、農業委員会がその農地の所有者に対し、当該農地の利用の意向について調査を行うこと等により、農地の適切な利用を、②森林については、森林法に基づく森林計画制度等の運用を通じて造林・間伐等の適切な推進を図るとともに、森林経営管理法に基づく森林の経営管理の集積・集約化を、それぞれ推進することとされています。こうした基本方針のもと、低未利用状態にある農地・森林の解消に向けた施策が実施されています。

1　農地の場合

（1）　農地バンク

　農地については、優良農地の確保と有効利用の取組を推進するため、農業の担い手への農地集積・集約化が進められています。その中心にあるのが農地中間管理機構、通称「農地バンク」です。

　「農地バンク」とは、農地の情報を集約し、農業の経営規模を拡大したい農家や新規就農者に農地の情報を提供し、農地の貸借を促進するためのマッチング・サービスです。平成26年度に全ての都道府県に設置されており、農林水産省のウェブサイト（https://www.maff.go.jp/j/keiei/koukai/kikou/nouchibank.html（2023.9.7））で各都道府県の連絡先が公表されています。

　遊休農地の土地所有者が「農地バンク」を利用したいときには、土地所有者が貸したい農地を「農地バンク」に登録し、期間を定めて借受希望を募ります。土地所有者と借受希望者の間で条件が整えば、農地の賃貸借又は使用貸借が成立し、土地所有者は遊休農地の管理を第三者に任せることができます。

（2）　eMAFF農地ナビ

　平成28年 4 月から「eMAFF農地ナビ」がインターネットサイト（https://map.maff.go.jp/（2023.9.7））及びアプリで提供されています。「eMAFF農地ナビ」は、各市町村の農業委員会が整備している農地台帳に基づく農地情報を電子化・地図化して公開する全国一元的なクラウドシステムです。「eMAFF農地ナビ」の利用は無料で、経営規模の拡大や新規参入を希望する農地の受け手を全国から募集することができます。

　そこで、遊休農地の土地所有者が譲渡先又は管理委託先を全国から広く募集したいときは「eMAFF農地ナビ」を利用することが考えられます。

2　森林の場合

　森林については、森林経営管理法に基づく「森林経営管理制度」が構築されています。森林経営管理制度では、はじめに、手入れの行き届いていない森林について、市町村が森林所有者から経営管理の委託を受けます。そして、①林業経営に適した森林の場合には、市町村から地域の林業経営者への経営管理の再委託、②林業経営に適さない森林の場合には、市町村による公的管理がそれぞれ予定されています。この制度を利用することにより、森林所有者は、長期的に安心して所有森林の管理を第三者に任せることができます。

　そこで、低未利用状態にある森林の土地所有者は、当該土地が所在する市町村に連絡の上、森林経営管理制度を利用して管理委託先を探すことが考えられます。

[55]　国庫帰属の承認に瑕疵があった場合は

　　国庫帰属の承認がされた土地について、後日、承認時に却下事由・不承認事由があったことが判明した場合には、どのように取り扱われますか。

　　国庫帰属の承認がされた土地について、後日、承認時に却下事由・不承認事由があったことが判明した場合であっても、当該承認が取り消されるまでは、その効力は維持されます。

　また、国庫帰属の承認に瑕疵があるからといって必ず取り消されるわけではありません。取消しは、承認申請者が偽りその他不正の手段により国庫帰属の承認を受けたことが判明した場合に限られます。

　却下事由・不承認事由があることを知りながらこれを告げずに国庫帰属の承認を受けた場合には、承認申請者は、国に対して損害賠償責任を負うことがあります。

> 解　説

1　瑕疵ある国庫帰属の承認の効力

　相続土地国庫帰属法5条1項の承認（以下「帰属承認」といいます。）は、行政行為に該当します。承認申請者に帰属する土地所有権を国に移転させる法的効果を有するからです。

　行政行為によって形成される法律関係は、たとえ瑕疵があったとしても、権限ある機関により当該行政行為が取り消されるまでは、その効力が維持されます。帰属承認についても同じです。したがって、帰

属承認がされた土地について、後日、承認時に却下事由（相続土地国庫帰属法2条3項各号に該当する事由をいいます。以下同じです。）又は不承認事由（同法5条1項各号に該当する事由をいいます。以下同じです。）があったことが判明した場合であっても、当該承認が取り消されるまではその効力は維持されます。

2　国庫帰属の承認が取り消される場合

　帰属承認の取消しは行政行為の取消しに該当します。行政行為の取消しとは処分時に当該行政行為に瑕疵があったことを理由として法律関係を元に戻すことをいうところ、帰属承認が取り消されると、土地所有権は遡って初めから国に移転しなかったことになるからです。

　行政行為の取消しには、職権による取消しと私人からの不服申立てによる取消しの2種類があります。相続土地国庫帰属法では、このうち職権による取消しができる要件が厳格化されています。すなわち、帰属承認時に却下事由・不承認事由が存在していたこと（帰属承認に瑕疵があること）に加えて、帰属承認が承認申請者による偽りその他不正の手段によってなされたことが要件とされています（法13①）。帰属承認に当たっては法務大臣による調査が行われるため、承認申請者は当該調査に基づき適法に国庫帰属の承認がなされたと信用することが想定されます。その信用を保護するため、帰属承認に瑕疵があるだけでは取り消すことができないこととされました。一方、偽りその他不正の手段により承認を得た承認申請者の信用を保護する必要はないので、かかる手段による承認は取り消すことができることとされました。例えば、承認申請地に却下事由又は不承認事由があることを承認時に認識していたにもかかわらず、その事実を隠していた場合などです。

　なお、帰属承認された土地が第三者に譲渡等されていた場合には、

当該第三者の同意を得ないと取り消すことができません（法13③）。帰属承認が取り消されると土地の所有権は遡及的に承認申請者に復することになるので、その結果、譲渡等を受けた第三者が無権利者となり、不利益を被るからです。

3　承認申請者の損害賠償責任

　帰属承認が取り消されなくても、承認申請者は、承認申請地に承認時に却下事由又は不承認事由があったことによって国に損害が生じたときには、国に対して損害賠償責任を負う場合があります。

　もっとも、この責任が発生するのは承認申請者が当該却下事由又は不承認事由を知りながら告げなかった場合に限定されています（法14）。承認申請地の評価誤り等のリスクは国が負うべきであると考えられたからです。その結果、相続土地国庫帰属法14条は民法709条等の不法行為責任を厳格化した特則だと理解されています。

索　引

事 項 索 引

政省令・施行通達対応
相続土地国庫帰属制度　承認申請の手引

令和5年10月12日　初版一刷発行
令和5年12月8日　　二刷発行

編　著　横　山　宗　祐

発行者　新日本法規出版株式会社
代表者　星　　謙一郎

発 行 所　新日本法規出版株式会社

本　　社 総轄本部	(460-8455)　名古屋市中区栄1−23−20
東 京 本 社	(162-8407)　東京都新宿区市谷砂土原町2−6
支社・営業所	札幌・仙台・関東・東京・名古屋・大阪・高松 広島・福岡
ホームページ	https://www.sn-hoki.co.jp/

【お問い合わせ窓口】
新日本法規出版コンタクトセンター
📞 0120-089-339（通話料無料）
●受付時間／9：00〜16：30（土日・祝日を除く）

※本書の無断転載・複製は、著作権法上の例外を除き禁じられています。
※落丁・乱丁本はお取替えします。　　　　　ISBN978-4-7882-9255-0
5100299　相続土地国庫　　　　　　　　©横山宗祐 2023 Printed in Japan